贝壳学术
贝壳新时代书系

国家自然科学基金“基于社交网络同侪影响的产品线规划与协调研究”项目资助

社交网络情境下同侪影响与新产品扩散的关系研究

——基于产品类型与关系强度的调节作用

李智慧　焦媛媛　著

中国财经出版传媒集团
中国财政经济出版社

图书在版编目（CIP）数据

社交网络情境下同侪影响与新产品扩散的关系研究：基于产品类型与关系强度的调节作用／李智慧，焦媛媛著. --北京：中国财政经济出版社，2022.3

（贝壳新时代书系）

ISBN 978-7-5223-1179-1

Ⅰ.①社… Ⅱ.①李… ②焦… Ⅲ.①产品营销-研究 Ⅳ.①F713.50

中国版本图书馆 CIP 数据核字（2022）第 024558 号

责任编辑：崔岱远　　责任印制：刘春年

封面设计：陈宇琰　　责任校对：徐艳丽

社交网络情境下同侪影响与新产品扩散的关系研究

SHEJIAO WANGLUO QINGJING XIA TONGCHAI YINGXIANG YU XINCHANPIN KUOSAN DE GUANXI YANJIU

中国财政经济出版社 出版

URL：http：//www.cfeph.cn

E-mail：cfeph@cfeph.cn

社址：北京市海淀区阜成路甲 28 号　邮政编码：100142

营销中心电话：010-88191522

天猫网店：中国财政经济出版社旗舰店

网址：https：//zgczjjcbs.tmall.com

北京时捷印刷有限公司印刷　各地新华书店经销

成品尺寸：170mm×240mm　16 开　14.75 印张　192 000 字

2022 年 3 月第 1 版　2022 年 3 月北京第 1 次印刷

定价：85.00 元

ISBN 978-7-5223-1179-1

（图书出现印装问题，本社负责调换，电话：010-88190548）

本社质量投诉电话：010-88190744

序

郑州大学管理科学与工程学院源于1981年河南省委组织部委托原化工部重点院校郑州工学院开设的管理干部训练班，2000年，原郑州大学、郑州工业大学、河南医科大学合并组建新郑州大学，并于2017年成为国家一流大学建设高校。自新郑州大学组建，在国家一流大学建设方案的指导下，管理科学与工程学科也不断发展壮大。2013年，郑州大学管理工程系更名为郑州大学管理工程学院。

2021年恰逢学院开办40周年。历经40年艰苦奋斗，郑州大学管理科学与工程学科立足中原、面向全国、融通世界，乘着改革开放的东风而生，一路艰苦奋斗、求是创新，不断把学科建设推向新高度。目前，管理工程学院建设有管理科学与工程学科一级学科硕士点、博士点和博士后流动站，成为河南省管理科学与工程领域具有本、硕、博、博士后完整培养体系的唯一单位，同时还建设有交通运输领域专业博士点（服务管理方向）。

在新的阶段，为了进一步推动学科发展，建设特色学科，加强高校与产业界联系，学院“十四五”发展规划明确要求，加强以信息系统与信息管理、服务科学与管理为代表的特色学科方向的凝练与建设，逐步夯实医疗健康信息管理与大数据决策、“一带一路”电子商务与物流协同、智能制造与质量稳定性等方向的发展基础，以学术带头人和青年骨干为核心，组建发展前景好、发展基础扎实的学科团队，努力在全国管理科学与工程学科的发展与竞争中找准定位、勠力前行、争取突破。正是在这样的背景下，管理工程学院推出了“学科发展40周年精品学术文库”建设项目，力争用3年时间，围绕管理科学与工程一级博士点建设和特色方向，出版15部左右优秀学术著作，引领学科发展与团队建设。

2021年，共有6本成果纳入出版计划。朱永明教授等试图建立完整的企业社会责任工程体系；翟运开教授等尝试从成本管理的角度，建立远程医疗服务成本核算、预测和定价的闭环理论体系；程于思博士等基于中国城乡医疗卫生体制变迁的时间视角，构建了考虑中国医疗服务差异性的医疗资源配置机制模型；李智慧博士等以新产品扩散为研究视域，结合社交网络情境对同侪影响进行了概念界定、量表开发，研究了同侪影响如何作用于采纳意愿；兑红炎博士等围绕网络系统级联失效机理及弹性度量的相关问题，重点解决了考虑失效发生全过程，节点和边的团簇聚合、层级弹性指标对系统的影响；沈志锋博士等尝试破解金德尔伯格陷阱，提出“一带一路”基础设施项目要价的中国式治理方案。

紧跟郑州大学“国家一流大学”建设的铿锵步伐，着眼于国家创新高地、一流大学建设和中原大地超高峰，管理工程学院正以学科建设为引领，以高水平教学科研团队建设和高质量创新型人才培养为两翼，主动对接数字化转型发展，坚持立德树人，坚持科学研究、人才培养和社会服务一体化推进，积极创建国际化研究型管理学院。

在未来的几年，学院将围绕重点支持领域和学科方向，继续支持出版系列优秀著作，在促进学科发展与团队建设的同时，也以此种形式搭建一个学术交流的平台，与国内外学界同人进行交流沟通。

欢迎社会各界人士就著作中的学术观点展开讨论，也欢迎批评指正，多提宝贵意见。

郑州大学管理工程学院

2021 年 10 月

前　言

党的十八大以来，“实施创新驱动发展”已上升为国家战略。然而，创新只有成功地扩散出去，被用户接受和采纳，才能真正地对社会和经济发展产生影响。创新扩散领域的开创者Rogers指出：“创新扩散的本质是人们对新事物主观评价交互的社会历程，一个创新的信息往往来源于同伴(即同侪)，而且同侪也最能说服用户采纳创新。”在社交网络情境下，人们已突破时空的限制与其同侪进行交互，同侪对个体行为、态度等的影响也变得更加广泛和深入，故在创新扩散领域涉及同侪影响的研究逐渐成为新情境下的一个新话题。新产品作为创新的五种情况之一，也是创新商业化的重要载体，一些学者对同侪影响与新产品扩散之间的关系进行了研究。然而现有研究结论尚存在不一致或冲突，基本结论大概分为三派：以Rogers为代表的一派认为同侪影响在新产品扩散中起着举足轻重的作用；以Aral为代表的一派发现同侪影响在新产品扩散中的作用被夸大了；以Belo和Ferreira为代表的一派则指出同侪影响也可能会阻碍新产品扩散。

现有研究之所以会存在以上3种观点，其主要原因可能在于目前学术界对同侪影响进行阐释的理论视角或观点并不一致。以Rogers为代表的一派将同侪影响置于社会影响的范畴下；以Aral为代表的一派则从社会传染的理论视角识别同侪影响；Belo和Ferreira一派则以效用理论为理论基础认知和解读同侪影响。然而目前，对同侪影响的基础性内容如概念、特征等，尚缺乏系统的研究。而且现有研究多以一种或一类产品为研究对象，忽略了对于不同类型的新产品，个体受同侪影响的差异性及关系强度对同侪影响与采纳意愿的调节作用。

基于此，鉴于同侪影响已成为各学科领域广泛涉及的一个话题，而目前学术界对同侪影响理论的基础性问题尚缺乏系统的研究，本书首先结合社交网络情境对同侪影响的概念进行界定，对相似概念进行辨析，研究发现同侪影响并不能被社会影响或参照群体影响理论完全替代，而且它能解释新情境下后两个理论所不能解释的一些现象。本书据此提出同侪影响是一套独立的理论体系，进而结合同侪影响的产生过程和心理学的相关理论对同侪影响的产生机理进行深入剖析，并提出新情境下同侪影响产生机理的理论框架，在此基础上进一步将同侪影响划分为信息影响、规范影响、比较影响和情绪传染四个维度。

其次，本书以新产品扩散为研究视域，采用归纳法和演绎法对社交网络情境下的同侪影响测量量表进行开发。虽然已有学者使用实验法、计量模型对同侪影响进行测量，但是实验法往往难以规避关联效应的干扰，而由于同侪影响因个体间相互作用而内生，不易被观察且实时变化，所以计量模型也难以对同侪影响进行准确测量。尽管也有学者如Yang等使用社会心理学的方法对同侪影响进行测量，但现有研究多采用社会影响或参照群体影响的测量量表测量同侪影响。既然同侪影响并不能被后二者替代，而且在社交网络情境下，同侪影响能够解释它们所不能解释的现象或事实，因此开发一套同侪影响的测量量表尤为必要。

最后，本书以产品类型和关系强度为高阶调节变量，采用多层回归分析法进一步探究同侪影响作用于采纳意愿的具体方式及可能存在的边界条件。研究结果发现：当不考虑调节变量时，同侪影响的规范影响维度并不影响采纳意愿；在产品类型的调节作用下，规范影响影响采纳意愿的边界条件是新产品的使用场合为公开场合；在关系强度的高阶调节作用下，对于公开场合使用的奢侈型新产品，关系强度越强，信息影响对采纳意愿的影响越大，反之，越小。对于私下使用的必需型新产品，随关系强度逐渐增强，信息影响对采纳意愿的影响呈倒“U”形，规范影响对采纳意愿的影响呈正“U”形；对于私下使用的奢侈型新产品，比较影响和情绪传染对采纳意愿的影响均呈正“U”形。

本书的主要贡献在于：（1）首次结合社交网络情境对同侪影响的基础性内容进行提炼和理论分析，提出同侪影响是一套独立的理论体系。这突破了已有研究的理论局限性，为推动同侪影响理论在各学科领域的发展提供了坚实的理论基础。（2）根据本书提出的同侪影响产生机理的理论框架，进一步对社交网络情境下的同侪影响进行维度划分，并以新产品扩散为研究视域，开发同侪影响的测量量表。这为深入理解和准确解读个体对新产品的态度或行为改变的过程提供了理论支持，为测量新产品视域下同侪影响的影响力提供了测量工具。（3）进一步以产品类型和关系强度为高阶调节变量，发现产品类型不同，同侪影响作用于新产品扩散的方式也不同；关系强度不同，同侪影响的四个维度对不同类型新产品的用户采纳意愿的影响大小也是有所区别的。这一研究发现也为后续学者探究人际沟通渠道下的新产品扩散策略提供了新的见解，对突破特定的社会环境边界重新审视新产品扩散战略具有重要的实践启示。

目　录

第一章 引 论

本章首先对本书的研究背景（现实背景和理论背景）进行阐述，在此基础上提出本书的研究问题，并指出本书工作所具有的研究意义（理论意义与实践意义）；其次，对本书的技术路线图和本书拟采用的研究方法进行整理，从而为本书研究工作的顺利开展提供指导；最后，明确本书拟突破的重难点，提出本书的主要创新点，并根据研究目的进行章节安排。

第一节　研究背景

党的十九大提出，创新是国家命运所系，是发展形势所迫，是世界大势所趋，是引领发展的第一动力，自党的十八大以来，“实施创新驱动发展”已上升为国家战略。作为经济结构转型升级的新引擎，创新获得了实践界和理论界的广泛关注。然而，一项创新如果没有得到广泛的推广，被用户接受和采纳，就难以以物质形式对社会和经济发展产生影响，也就是说创新只有成功地扩散出去，才能真正地实现价值。创新扩散领域的开创者 Rogers（2016）指出：“创新扩散的本质就是人们对新事物主观评价交互的社会历程，一个创新的信息往往来源于同伴（即同侪），而且同侪也最能说服用户采纳创新。”在社交网络情境下，人们与同侪的交互已突破时空的限制，因此新情境下同侪对个体行为、态度的影响等也更加普遍和深入，故而创新扩散领域涉及同侪影响的研究也已成为新情境下的一个新趋势。新产品不仅是创新的五种情况之一，也是创新商业化的重要载体（Schumpeter 和 Backhaus，2003），因此探讨同侪影响与新产品扩散之间的关系也已成为新情境下的一项新内容。由此，本节重点对新产品扩散研究的现实背景和理论背景进行阐述，为下一节研究问题的提出作铺垫。

一、现实背景

自2008年国际金融危机爆发以来，全球经济受其影响呈现出增长低迷的态势。为实现经济的持续增长，“加强研发，重视创新，投资未来”已成为世界各国推动经济发展的重要方针，全球创新呈现多极化态势，全球创新格局发生了重大变化，亚洲在全球创新中的地位正逐渐上升，已成为全球创新网络中的创新活跃区。在新的全球创新格局下，中国已成为亚洲地区的创新领导者之一。然而，一项创新如果没有得到广泛的推广，就难以以物质形式对社会和经济发展产生影响，也就是说创新只有成功地扩散出去，被用户接受和采纳，才能真正地实现价值，由此中国创新驱动发展战略目标的实现必然依赖创新的成功扩散。新产品既是创新的五种主要情况之一，又是创新商业化的载体（Schumpeter和Backhaus，2003）。近十年来，中国的新产品销售收入占GDP的比值呈逐年上升趋势（见图1-1），可见创新成果的商业化，特别是新产品的成功扩散有助于创新驱动发展战略目标的实现。

图1-1 2008—2017年中国新产品销售收入占GDP的比值

资料来源：作者根据2009—2018年中国统计年鉴整理。

企业是创新的主体，担负着建设创新型国家的使命（段云龙等，2017），国家创新驱动发展战略的实施还需通过企业创新来落实。就企业自身而言也需要不断创新，因为创新是获取竞争力和发展动力的必然选择。2018 年 4 月，中兴通讯被美国商务部禁止以任何形式从美国进口敏感产品，这对严重依赖美国芯片等元器件的中兴通讯来说，无疑是一场灾难，甚至使它面临破产倒闭的风险。但当 2019 年 5 月美国禁止自家的 68 家公司向华为出售任何技术和产品时，一直重视创新、致力于研发的华为几乎没有受到“芯片断供”的影响。面对同样的威胁，中兴受制于人，而华为制于人，两家企业的处境印证了创新关乎企业的生死存亡。由于创新的结果往往通过创新的商业化过程来实现，即把创新转化为市场上的新产品或服务并推向市场（Kotler 等，2013）；而新产品能否被用户接受和采纳，从而成功地扩散出去，这关乎新产品商业化过程能否成功，进而影响企业创新活动的成败。研究表明：新产品销售收入和利润占企业总销售收入和利润的 28%，然而有大约 41% 的新产品在商业化过程中以失败告终（Barczak 等，2010），失败的一个重要原因是新产品扩散缓慢或扩散不够充分（Nejad 等，2014）。由此，如何有效促进新产品扩散已成为企业亟待解决的问题，并影响着国家创新驱动发展的实施效果。

随着以 Web2.0 技术为基础、以用户创建内容为主的社交网络的广泛应用，人们已突破时间和空间的限制，和分散在世界各地的人们尤其是具有相似特征或可比性较强的其他个体（即同侪）进行直接互动。在此新情境下，人际影响特别是同侪影响（Peer Influence），即相似个体之间的相互作用、相互影响对个体观点或行为等的影响更加广泛，也更加深入，然而目前企业促进新产品扩散的策略或战略并未随同侪影响的凸显而发生改变。事实上，社交网络情境下，人际交往方式、互动范围已发生革命性的变化，个体之间的关系结构已被重构，同侪影响对新产品扩散的作用也变得越来越强，甚至超过了传统广告（Manchanda 等，2008；Trusov 等，2009）。因此，对企业来说，如果能了解同侪影响作用于新产品扩散的具体方式及可能存在的边界条件，一方面，可以在很大程度上提高企业实施基于人际沟通渠道制定的营销策略的效率和效果，另一方面，对企业制定嵌入同侪影响的新产品扩散策略或重新审视既有的推动新产品扩散的战略，从而加速新产品的扩散过程、提高新产品扩散的成功率，具有重要的实践意义。

二、理论背景

新产品扩散是沿着人际关系传播出去的（Rogers 等，2016）。针对扩散的研究表明，大多数人更喜欢通过已有用户特别是那些和他们相似又采用了该新产品的用户的主观评价来评估新产品，相反他们并不习惯通过科学的、客观的研究来评估新产品（Rogers 等，2016）。另外，由于新产品本身所具有的潜在损失性、不确定性和新颖性，用户在不确定新产品是否像企业所宣传的那样优秀，但又缺乏对新产品的采纳经历时，将进一步强化他们对相似个体即同侪的采纳经历或采纳状态的依赖。这种把同侪的新产品采纳经历或主观评价融入自己的认知体系中，从而完成对新产品采纳的间接“体验”，进而改变其对新产品的态度或行为的现象被称为同侪效应（伊利等，2018）；或者说潜在用户在同侪的影响下产生的新产品采纳意愿或行为是同侪影响的结果。早在 1966 年，Coleman 等对药物扩散的研究就已阐明人际关系网络在新产品扩散中的重要性，并指出同侪之间关于新产品的沟通互动所带来的社会力量比其他任何因素给新产品扩散带来的影响都大。可见，同侪影响在新产品扩散过程中发挥着极其重要的作用。

随着社交网络的发展和普及，目前全球已有超过 10 亿的用户在通过社交网络和世界各地的人们建立联系，这使得同侪影响在社交网络情境下的影响范围变得更加广泛，已不再局限于非社交网络情境下的熟人之间（Lea 等，2000；Bapna 和 Umyarov，2015）。社交网络情境下的同侪影响已成为学术界研究的新话题（Bapna 和 Umyarov，2015），适用范围从政治活动中对同侪影响的利用到推动产品（包括服务）扩散的病毒和口碑传播（Aral 和 Walker，2011；Hill 等，2006；Iyengar 等，2011；Manchanda 等，2008；Mayzlin，2006）。而且社交网络情境下同侪影响已成为新产品扩散的重要驱动力（Greszczuk 等，2018；Park，2019）。因为虽然有关新产品的信息可以通过对创新的科学评估得到，但是大多数个人通常都是从他们的同伴即同侪处寻找，同侪对新产品的主观看法最能说服他们，而且对他们来说，这是最方便而又最可靠的做法（Rogers 等，2016）。然而，尽管主流研究认为同侪影响在新产品扩散中起着极为重要的作用（Kermackand 和 McKendrick，1927；Bass，1969；Watts 和 Dodds；2007；Peres 等，2010；Park，2019 等），却有一些学者认为同侪影响在新产品扩散中所起的作用有限（Goel 等，2012），甚至具有负向影响（Belo 和 Ferreira，2017）。

而且，现有文献在探讨同侪影响对新产品扩散的影响或基于同侪影响视角研究新产品扩散时，忽略了对同侪影响的内涵、产生机理等基础性内容的研究，并未将同侪影响视为一套独立的理论体系，而是鉴于同侪影响与社会影响和参照群体影响的联系，使用社会影响或参照群体影响的理论或方法解释同侪影响或对同侪影响进行测量。但同侪影响事实上并不等于社会影响和参照群体影响，尤其在社交网络情境下，同侪影响是在同一社交关系网络中的相似个体在交互过程中相互作用、相互影响而导致彼此间观点、态度或行为变化的一种社会过程（Urberg 等，2003；Hallinan 和 Williams，1990；Brechwald 和 Prinstein，2011；Ding 等，2018），并不局限于某一特定社会环境中或群体成员之间的相互作用。而社会影响更侧重于特定社会环境中个体之间、个体与群体以及个体与社会环境的相互作用（Manski，1993）。在社交网络情境下，同侪影响的内涵事实上已超出了社会影响所能解释的范围，因为个体基于社交网络进行互动，已打破特定社会环境的边界。参照群体影响则指与个体的看法、愿望和行为有着显著关联的实际或想象中的个体或群体对焦点个体的影响，由此参照群体影响的形成也并不是个体之间的相互作用产生的，它是参照群体对焦点个体的一种单向影响（Park 和 Lessig，1977；贾鹤等，2008），而且参照群体影响发生在群体范围内，而同侪关系并非一定是群体成员关系。显然，社会影响的内容与同侪影响有所交叉但并不完全相同，无论用社会影响还是用参照群体影响的理论和测量方法解释和测量同侪影响都不够准确。由此，基于社交网络情境对同侪影响的基础性内容进行研究并开发一套新产品扩散视域下的同侪影响的测量量表尤为必要。虽然还有一些学者通过实验的方法（Aral 和 Walker，2011；Bapna 和 Umyarov，2015 等）或数学模型等定量方法（Bollinger 和 Gillingham，2010；Donohue 等，2018 等）对同侪影响在产品扩散中的影响进行了测量，但研究难以消除关联效应（如相似的个体特征）、情境效应（如社会经济环境）带来的干扰。

此外，现有研究多是以一种或一类新产品为研究对象，并未考虑在不同的产品类型下同侪影响对新产品扩散的影响，而对于不同类型的新产品，用户对同侪的依赖程度往往是有所区别的（Childer 和 Rao，1992）。并且在社交网络情境下，个体可交互的对象已不仅有身边的或认识的同侪，还有来自五湖四海、与个体从未谋面的同侪。显然，同侪之间的关系既有强关系也有弱关系。根据 Grannovetter（1973）的关系强度理论，强关系指个体彼此间相互了解、信任、交互频繁的关系，具有亲密性和紧密型的特征，因此对于强关系同侪，彼此之间的相互依赖和信任程度相对较高（冯娇和姚忠，2015）；弱关系指个体间属于泛泛之交、彼此间无太多的情感维系（Brow 和 Reingen，1987；Van den Bulte 和 Wuyts，2007），因此对于弱关系的同侪，彼此之间依赖和信任程度也相对较低（周建国，2010）。由此，在不同的关系强度下，同侪影响对某一类型新产品扩散的作用方式或许也是不同的。

第二节　研究问题和研究意义

结合前文的研究背景，本节进一步提出本书拟解决的主要问题，并对本书的理论意义和现实意义进行阐述。

一、研究问题的提出

社交网络情境下同侪影响的范围已不再局限于认识的同伴，而是扩展到了处于同一社交网络中具有平等关系的陌生人之间。人际影响尤其是同侪影响也变得愈加凸显，但关于社交网络情境下的同侪及同侪影响的内涵学术界尚未进行系统的研究，这在一定程度上影响了同侪影响理论在各学科领域的发展和应用。虽然同侪影响被普遍认为是新产品扩散的重要驱动力，但结合前文分析，在社交网络情境下，现有研究用社会影响理论或参照群体影响理论解释或测量同侪影响，进而论证同侪影响与新产品扩散的关系以及同侪影响在新产品扩散中的作用程度，这并不准确。而且现有研究关于同侪影响在新产品扩散过程中的重要程度也尚存争议，事实上，并非所有类型的新产品的采纳决策都依赖同侪，因此依赖的程度也必然有所不同，这也是 Belo 和 Ferreira（2017）以通信产品为研究对象发现同侪影响阻碍新产品扩散的原因。加之基于社交网络建立的人际关系包括同侪关系的强度各不相同，导致个体对同侪的依赖程度也不同。据此，本书主要探讨以下几个核心问题。

（一）尝试对社交网络情境下同侪影响的内涵与产生机理进行研究

由研究背景分析可知，社交网络情境下的同侪影响已成为各学科领域研究的新话题，然而对于同侪影响理论的基础性内容，学术界尚缺乏系统的研究。鉴于社交网络情境下同侪影响已变得更加普遍，影响范围也变得更加广泛，本书首先结合社交网络情境对同侪与同侪影响的概念进行界定，并对相似概念——社会影响和参照群体影响进行辨析，以明确三者之间的联系与区别；其次，通过对相关研究文献进行分析，结合趋同理论、两阶段过程理论、三阶段协同演化模型，本书对社交网络情境下的同侪影响产生过程进行解读；再次，结合心理学的相关理论，在梳理同侪影响产生过程的基础上提出新情境下同侪影响产生机理的理论框架；最后，依据同侪影响产生机理的理论框架尝试对新情境下的同侪影响进行维度划分。

（二）尝试以新产品扩散为研究视域开发同侪影响的测量量表

现有学者多使用社会影响理论和参照群体影响理论对同侪影响进行解释和测量，但同侪影响在与参照群体影响和社会影响有一定联系的同时，也与它们有一些区别，并不能被后两个理论完全替代。所以不管是用参照群体影响的测量量表还是用社会影响的测量量表，对同侪影响的测量都是不够准确的，由此会导致测量结果的不准确，进而影响研究结果。基于此，本书进一步以新产品扩散为研究视域，拟采用演绎法、归纳法产生和收集项目，尝试开发新产品扩散视域下的同侪影响测量量表。为保证测量量表的可靠性和有效性，本书将进一步对测量量表的信效度进行检验。据此，本书实证检验同侪影响在作用方式上是否也与社会影响或参照群体影响有所区别。

（三）探究对于不同的产品类型，同侪影响影响采纳意愿的具体方式以及可能存在的边界条件

已有研究已证实社会影响通过信息影响和规范影响两种方式影响新产品扩散（王殿文，2017），信息影响通过提供关于新产品的相关信息，帮助潜在采纳者知觉新产品、提升产品认知、降低采纳风险（Lord 等，2001；Burnkrant 和 Cousineau，1975）。规范影响由已采纳

者及同侪群体的社会互动产生（Hogg 和 Abrams，2011），帮助潜在采纳者规避因违反群体规范可能受到的惩罚，或者和同侪行为保持一致并因此和同侪建立亲近感（Raghunathan 和 Corfman，2006）。鉴于同侪影响与社会影响的联系与区别，本书需要进一步检验同侪影响的各维度与新产品采纳意愿的关系，即：进一步探索同侪影响影响新产品采纳意愿的具体方式。虽然现有研究已论证了产品类型在社会影响与新产品扩散之间的调节作用（王殿文等，2018），但社会影响并不完全与同侪影响相同，而且社会影响理论对产品类型的划分多根据产品属性进行，并未考虑新产品的使用场合。新产品使用场合公开与否既体现了新产品的可见度，又最能触动个体的“面子观”。因此本书以新产品使用的场合是否公开和新产品是否具有排他性两个维度将新产品划分为四种类型，在此基础上进一步研究对于不同类型的新产品，同侪影响影响新产品采纳意愿的具体方式以及可能存在的边界条件。

（四）在不同的关系强度下，进一步探究同侪影响如何影响不同类型的新产品采纳意愿

基于人际沟通渠道进行的新产品扩散过程实质上是个体之间交换新产品信息、传递同侪对新产品的态度的过程（Rogers 等，2016），或者说通过人际沟通渠道，相似的个体（同侪）之间相互作用、相互影响，从而使得个体对新产品的观点或行为等发生改变，进而产生新产品采纳意愿甚至采纳行为。随着社交网络的广泛使用，微信、Facebook 和品牌社区等社交网络工具通过提供产品分享和人际沟通，促使网上营销开始由交易型交换（transactional exchange）向关系型交换（relational-based exchange）转变（Kozlenkova 等，2017）。由于不同类型的社交网络集聚的人际关系类型是有所区别的（如微信等以强关系为主，而微博则以弱关系为主），所以不同的社交网络平台上的同侪对个体新产品决策过程的影响程度也将有所不同，据此本书进一步探究关系强度在同侪影响与新产品采纳意愿之间的高阶调节作用。

二、研究意义

本书在已有研究的基础上，对社交网络情境下的同侪影响进行概念界定，对其内涵和产生过程进行梳理，结合心理学的相关理论提出同侪影响产生机理的理论框架，并据此将同侪影响划分为四个维度，进而以新产品扩散为研究视域开发同侪影响的测量量表，这补充和进一步完善了已有研究中同侪影响理论和测量方法的不足；本书突破已有研究存在的理论局限性，以同侪影响为一个独立的理论体系，重新审视同侪影响与新产品扩散的关系，这对于理解社交网络情境下基于人际沟通渠道的新产品扩散过程具有重要的理论意义；本书对社交网络情境下不同类型的新产品扩散中同侪影响作用的差异化和关系强度的高阶调节作用的探索，一方面丰富和拓展了创新扩散理论的研究内容，另一方面为企业有效利用同侪影响理论制定和实施新产品营销和管理策略具有重要的实践启示。

（一）理论意义

首先，虽然对同侪影响的研究始于 1931 年（Bühler 和 Anderson，1931），然而学术界对同侪与同侪影响的概念并无统一的界定，本书在分析相关研究文献的基础上，结合社交网络情境对同侪和同侪影响进行概念界定，并对同侪影响的产生过程进行解读，进而提出新情境下同侪影响产生机理的理论框架，这不仅是对同侪影响理论的补充和完善，而且也为其他学科领域进行有关同侪影响的研究打下了坚实的理论基础。

其次，由于同侪对个体的观点、行为具有较强的塑造和强化作用（Schmidt 和 Vernon，1975），所以同侪逐渐成了很多学科如管理学（李志生等，2018）、教育学（郑磊，2015）和经济学（Hiwatari，2016）等学科的研究对象。但目前并没有一套专属于同侪影响的测量量表，本书在已有研究的基础上，结合同侪影响和社会影响、参照群体影响的联系与区别以及社交网络情境的特征，在依据同侪影响产生机理的理论框架提出同侪影响包括信息影响、规范影响、比较影响和情绪传染四个维度的基础上，结合演绎法和归纳法，开发出一套具有针对性的同侪影响量表，这一方面为更加准确地测量同侪影响提供了一套更为有效的测量工具，另一方面对于同侪影响理论成为一个有别于社会影响和参照群体影响理论的独立理论，具有重要的意义。

最后，本书鉴于同侪影响是一个独立的理论体系，尝试探究同侪影响对用户新产品采纳意愿影响的具体方式，拟突破已有研究存在的理论局限性，有助于更加准确地把握同侪影响与新产品扩散的关系，有助于推动同侪影响理论在新产品扩散方向的进展，将进一步拓宽基于同侪影响视角进行新产品扩散研究的思路，还将进一步弥补现有研究的不足、丰富新产品扩散研究的研究成果。而且针对现有研究关于同侪影响与新产品扩散关系的结论尚有争议这一客观事实，本书以产品类型和关系强度为调节变量，更加具体、详细地剖析同侪影响的不同维度作用于采纳意愿的具体方式和可能存在的边界条件，以及在不同关系强度下，对于不同的产品类型，探究同侪影响各维度影响采纳意愿的规律，这一定程度上能够揭示争议存在的原因，对学术界客观地认识同侪影响与新产品扩散的关系具有理论启发意义。此外，本书在同侪影响与采纳意愿之外同时考虑产品与人的关系（是否公开使用、是否排他）以及同侪间的关系强度，有助于更加全面地考查新产品扩散中同侪影响的作用。

（二）现实意义

在确定是否利用同侪影响及如何利用方面，一方面，本书对社交网络情境下的同侪与同侪影响的概念进行界定，提出同侪影响产生机理理论框架，对同侪影响的维度进行划分，并在新产品扩散视域下开发同侪影响的测量量表，这将为实践界客观地认识新产品扩散中的同侪影响因素提供一定的理论参考，为科学地测量或评估同侪影响在新产品扩散中的重要性提供一套有效的测量工具，从而有助于企业根据同侪影响对新产品扩散的影响程度合理利用同侪影响；另一方面，本书从新产品使用场合是否公开和新产品是否具有排他性两个维度对新产品进行类型划分，在此基础上探究同侪影响对不同类型的新产品的影响方式和存在的边界条件，这对于企业根据自身的新产品类型确定是否利用同侪影响促进新产品扩散以及如何有效和充分利用同侪影响加快新产品的扩散进程具有重要的实践意义。同时研究结果也将为越来越多的企业借助社交网络制定和实施基于人际影响的各种营销策略和新产品扩散策略带来了新的实践启示。此外，本书进一步探究关系强度的调节作用，这对于指导企业根据不同的新产品类型选择合适的社交网络平台或工具，有效推动新产品扩散具有重要的实践意义。

在利用同侪影响推动新产品扩散方面：首先，了解同侪影响对新产品扩散的影响方式和边界条件，对于企业根据新产品类型选择合适的社交网络，促进新产品信息的传递和扩散，具有重要的指导意义。其次，了解同侪影响作用于新产品扩散的具体方式，对于企业根据新产品类型实施精准营销策略具有重要的实践启示。精准营销（Precision Marketing）就是企业在对目标用户进行精准定位的基础上，依托现代信息技术手段建立个性化的顾客沟通服务体系，实现企业可度量的低成本扩张之路，是有态度的网络营销理念中的核心观点之一（Kotler 等，2013）。因此，企业可针对不同社交网络的关系强度特征、结合新产品类型提高精准营销的效果。最后，研究成果将对企业实施细分市场战略具有一定的参考价值。细分市场是企业区分不同需求消费者的过程，消费者在某一或某些维度（如地理位置、人口统计学特征、消费偏好等）的相似是企业划分细分市场的依据（Kotler 等，2013）。社交网络情境下，个体基于感知而非客观存在的社会标志识别出与自己相似性的个体，如何识别感知彼此相似的同侪，从而对新情境下的市场进行细分，虽然并不是传统细分市场策略对市场进行细分的依据，但却是新情境下企业进行市场细分时有必要考虑的因素，因此同侪影响理论及同侪影响与新产品的关系研究将为企业进行市场细分提供新的标准。

第三节　研究方法与技术路线

本节主要围绕研究目的介绍开展各部分研究拟采用的研究方法，并提出本书的技术路线图。

一、研究方法

本书对同侪影响的相关研究成果以及新产品扩散的研究发展历程和研究脉络进行梳理时拟采用文献研究法，在以新产品扩散为研究视域；对社交网络情境下的同侪影响进行量表开发的过程中拟采用归纳法（inductive approach）和演绎法（deductive approach）相结合的组合法（combined approach）；在探索不同关系强度下同侪影响对不同类型的新产品影响方式及存在的边界条件时拟采用多层回归方法进行定量分析。

具体过程：首先对新产品扩散的相关文献进行深入的分析，梳理出新产品扩散的研究现状和不足之处，在此基础上明确研究的主题为探索社交网络情境下的同侪影响与新产品扩散；其次，对现有有关同侪影响的文献进行整理，提炼出同侪影响的概念、内涵、产生过程、维度，并使用归纳法和演绎法相结合的方法开发同侪影响的测量量表，构建以产品类型和关系强度为调节变量的同侪影响与新产品扩散关系的概念模型；最后，通过问卷调查的方法将各构念量化，并对模型进行实证检验。

（一）文献研究方法

本书使用 Web of Science 数据库对关键词"Innovation diffusion""New product diffusion""Technology diffusion"和"The diffusion of new product"进行检索，同时使用中国知网对关键词"创新扩散""新产品扩散""技术扩散"和"产品扩散"进行检索，并筛选出 CSSCI 来源文献。对两个数据库的检索结果进行文献研究，力图全面掌握和了解新产品扩散发展的历程、研究现状及目前研究存在的不足，为后续观点的提出奠定文献基础。

为完善和提炼同侪影响的概念和形成过程，本书对国内外有关同侪影响的文献进行收集、整理和分析，推演出同侪和同侪影响的概念，归纳出同侪影响的内涵以及提炼出同侪影响的产生过程。本书对国内同侪影响的文献获取主要通过中国知网对关键词"同伴影响""同伴效应""同群影响"和"同群效应"进行检索，为保证文献的质量，本书主要选取国家自然基金委认定的"A"类和"B"类期刊为文献来源。对英文文献的获取，主要依托 EBSCO、Proquest、Springer、Sciencedireet 以及 Google 学术等检索关键词为"peer influence""peer effect"和"interpersonal influence"的文献，并选择影响因子在 2.0 以上的文献为研究的重点。

为对社交网络情境有比较系统和全面的了解，本书同样依托中国知网、EBSCO、Proquest、Springer、Sciencedireet 以及 Google 学术等检索"社交网络""社交网络""社会化媒体"和"Online social networks""Online social networking""Social networks""Online social network site""Social network service""Social media"等关键词，并选择来自中国知网的 CSSCI 文献以及外文中影响因子在 2.0 以上的文献作为文献研究的对象。

（二）归纳法和演绎法

本书对同侪影响量表进行开发时遵循已建立的量表开发程序

(Noar, 2003)，通过回顾文献、咨询焦点小组和专家构建量表。量表的题项由归纳法和演绎法相结合的组合方法产生，项目来源可以是访谈对象、研究者和文献3种。使用归纳法主要是为了从访谈中获取题项，本书借鉴Park和Lessig（1977）的题项收集法，首先向访谈对象详细解释每个维度的含义，然后请访谈对象就每个维度谈谈自己的可能反应，访谈结束后，两名研究人员对访谈结果进行整理，并形成项目。归纳法的优点是由此产生的所有项目都来自实践，缺点是访谈对象对定义的理解可能与研究者的初衷有较大偏差。根据演绎法，研究者和研究团队一起基于对同侪影响各个维度概念的理解尽可能多地写出反映所测构念的项目，虽然该方法产生的项目更具针对性，但可能会脱离现实。因此，本书还进一步结合相关研究文献并从中获取项目。汇总前两种方法产生的项目，进而形成相对粗糙的题项库，通过筛选，删除重复、意思相近或相同的项目后形成最终题项库。

（三）定量分析方法

本书拟以新产品扩散为研究视域开发出一套针对同侪影响的测量量表，其中概念的描述性统计、量表的信效度检验以及对构念的探索性因子分析需要借助定量分析方法。基于开发的量表，本书采用多层回归分析法，进一步对同侪影响影响新产品扩散的具体方式和可能存在的边界条件进行定量研究。本书进行定量分析时拟借助SPSS22.0软件和AMOS24.0软件。具体如：在问卷的设计、调整、发放和回收过程中开展数据收集，在此基础上借助SPSS22.0进行描述性统计、信效度检验、探索性因子分析，借助AMOS24.0软件进行验证性因子分析；对本书提出的概念模型进行验证时拟借助SPSS22.0软件进行多层回归分析。定量分析方法主要在本书中的第四章和第六章的研究中运用。

二、研究的技术路线

结合前文的现实背景与理论背景分析，新产品扩散关系到企业创新活动的成败，甚至影响国家创新驱动发展战略目标的实现。由于新产品扩散的本质是人们对新产品主观评价交互的社会历程，尤其是同侪之间的交互更是新产品成功扩散的不可或缺的动力，所以，同侪影响也成了新产品扩散研究的新内容、新视角。然而，已有研究尚未对同侪影响理论的基础性内容进行系统地研究，对新产品视域下同侪影响的测量也尚有局限，有关同侪影响对新产品扩散的重要程度也尚存在争议。由此，本书拟分别对前文提出的研究问题进行探讨，具体技术路线图见图 1－2。

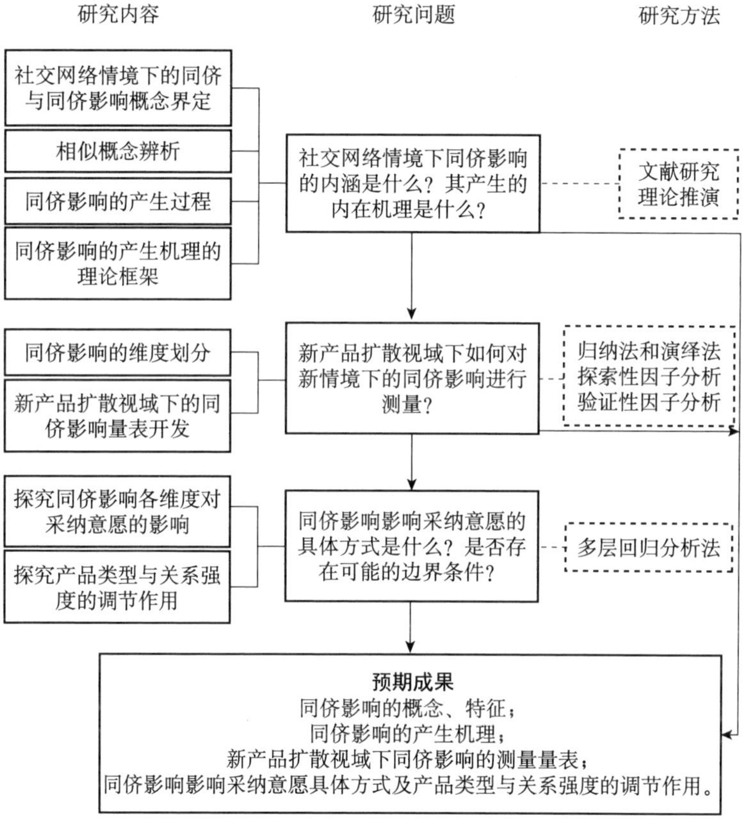

图 1－2 技术路线图

资料来源：作者根据研究过程整理。

第四节　拟突破的重难点、主要创新点与章节安排

本节内容主要说明本书拟突破的重难点、主要的创新点以及本书七个章节的研究内容安排（其中包括拟解决的问题）。

一、拟突破的重难点

本书尝试基于有关同侪影响的研究文献，通过文献分析、理论推演，结合社交网络情境对同侪与同侪影响的概念进行界定，对同侪影响的内涵进行明确，对同侪影响产生的内在机理进行理论分析，这是本书的一个重点，同时也是一个难点。因为尽管对同侪影响的研究开始于 1931 年，且在各学科领域均有涉及，但到目前为止，同侪影响尚未形成一套完整的理论体系，可见本书尝试要做的工作也面临着极大的挑战。

本书拟以新产品扩散为研究视域，对社交网络情境下的同侪影响测量量表进行开发，这是本书的一个研究重点，因为只有准确测量同侪影响，才能准确地开展后续工作，或者说同侪影响测量量表的开发是本书研究工作进行的前提，也是保证研究结果准确的必要条件。而已有研究多使用社会影响或参照群体影响的量表测量同侪影响，在社交网络情境下，同侪影响的内涵与外延已超过了后两个理论所涵盖的范围，因此本书对同侪影响的量表进行开发不仅是本书拟突破的重点，也是突破现有研究理论局限性的关键。

选择产品类型的划分维度是本书拟突破的另一难点，因为现有研究多采用一个维度对产品进行类型划分，鲜有文献同时从两个维度划分产品类型，而且本书对产品类型的划分还需要同时兼顾产品是否可以引发人与人之间的交互行为。同时，本书拟以关系强度为高阶调节

变量，探索同侪影响不同维度对不同类型的新产品的影响规律和存在的边界条件，这是本书的另一个研究重点，因为识别出不同关系强度下和不同产品类型下同侪影响对新产品扩散的影响程度，在理论上有助于学者厘清同侪影响在新产品扩散中发挥作用的多面性，在实践上有助于企业根据不同的新产品类型借助不同的社交网络有效发挥同侪影响的作用。

本书拟结合客观现实环境和相关理论对研究结果进行深入的分析和讨论，试图发现研究结果产生的客观和主观原因、随着时代变化同侪影响内容发生的变化以及已有研究结论存在冲突的根本原因，这为后续学者从社会心理层面系统地了解基于人际沟通渠道进行的新产品的扩散的过程提供新的解读，从而有助于学术界客观地认识同侪影响与新产品扩散的关系，这也是本书的最后一个研究重点。

二、主要创新点

第一，目前，同侪影响尚没有一套完善的理论体系。本书首次结合社交网络情境，对同侪与同侪影响的概念进行界定，在对已有文献进行系统的梳理、分析、提炼的基础之上，对同侪影响的内涵进行了阐述。由此本书提出，同侪影响是一套独立的理论体系，它与社会影响和参照群体影响既有联系又有区别，且在社交网络情境下能解释后两个理论所不能解释的一些现象。

第二，对同侪影响的产生过程进行系统的梳理和提炼，在此基础上，结合心理学的相关理论，本书首次尝试基于社交网络情境提出同侪影响产生机理的理论框架，并据此将同侪影响划分为信息影响、规范影响、比较影响和情绪传染四个维度，进而采用归纳法和演绎法相结合的组合法，以新产品扩散为研究视域开发同侪影响的测量量表。

第三，虽然已有研究在创新扩散领域已开展有关同侪影响的研究，然而他们通常将同侪影响作为社会影响或参照群体影响的一种特殊情况。事实上，社交网络情境下，依托社交网络进行社交互动的个体间的关系并非都是群体成员关系，正如很多兴趣群、虚拟社区等并不具有“群体”的内在凝聚力，因此本书采用同侪影响理论解读新产品扩散的社会心理过程突破了原有研究存在的理论局限性。

第四，根据新产品的使用场合公开与否和新产品是否具有排他性对新产品类型进行划分，结合 Grannovetter（1973）的关系强度理论和不同社交网络的集聚的关系类型对同侪影响影响新产品扩散的方式及边界条件进行探究，本书同时兼顾了产品的使用场合、产品特征、关系强度及社交网络的特征，为理解人际沟通渠道下个体采纳新产品的复杂社会心理提供了更加具体而全面的解读。

三、章节安排

依据本书的技术路线和将要展开的研究内容，本书共分 7 章，依次为：

第一章引论。主要讨论研究背景并提出研究问题，根据研究问题，进一步发掘本书的研究意义，并确定本书的技术路线和研究方法，为论文后续研究提供研究框架。

第二章文献综述。主要对社交网络、同侪影响与新产品扩散的相关研究文献进行梳理和评述，并提炼出现有研究的不足以及本书的主要研究内容，为后续研究做好铺垫。

第三章同侪影响的内涵、产生机理与维度划分。本章节拟结合社交网络情境，在已有文献的基础上提炼、推演出同侪影响的概念、内涵；根据相关理论，如趋同理论、两阶段理论和三阶段协同演化模型，对同侪影响的产生过程进行梳理；在此基础上构建同侪影响产生机理的理论框架，并据此对同侪影响进行维度划分。

第四章新产品扩散视域下同侪影响量表开发。在第三章的基础上，结合社交网络情境，通过归纳、访谈和演绎三种方式获取同侪影响的项目库，进而开发同侪影响的量表（包括形成测量量表、发放并回收问卷、验证量表的信效度和修正测量表等工作），为后续研究提供理论支持。

第五章概念模型构建及研究假设。结合第二章的文献综述和本书的研究目的，提出同侪影响的各个维度与用户新产品采纳意愿之间关系的研究假设；以产品类型和关系强度为调节变量，提出在不同的关系强度下，对于不同类型的新产品，同侪影响的各个维度与采纳意愿关系的研究假设，并据此构建本书的概念模型。

第六章研究设计与实证结果讨论。采用第四章开发的同侪影响测量量表，检验同侪影响在不同类型新产品扩散中的作用方式和存在的边界条件以及关系强度的高阶调节作用；结合相关理论，就本书的研究结果进行讨论，主要分析得到此研究结果可能存在的原因，为下一章节理论启示和实践启示的提出提供理论指引。

第七章研究结论与展望。包括研究结论与启示、理论意义和实践启示、研究不足与展望三部分。其中，研究结论与启示是对前几章节的理论研究和实证结果进行的总结和提炼；理论意义与实践启示主要包括本书在理论方面的贡献和存在的价值以及研究结论对于企业实践的指导和参考价值；研究不足与展望包括同侪影响理论的普适性及其在组织层面的拓展等。

社交网络情境下同侪影响与新产品扩散的关系研究

Chapter 2

第二章 文献综述

本章的主要内容是对与本书相关的已有研究进行系统的文献回顾。本章首先对社交网络的相关文献进行梳理，厘清不同社交网络中嵌入的关系强度，并依据关系强度的不同对社交网络进行类型划分，为本书选择关系类型作为调节变量提供理论解释，为有效利用社交网络促进新产品扩散提供理论指导；其次对同侪影响相关文献进行梳理和评述，以厘清现有研究的不足之处和同侪影响研究存在的空白点，这也是本书开展同侪影响研究的重难点；最后对新产品扩散的相关文献进行梳理和评述以厘清新产品研究的发展脉络，从而洞悉社交网络情境下基于人际沟通渠道进行的新产品扩散研究还存在哪些亟待解决的问题。

第一节　社交网络的相关研究综述

根据中国互联网络信息中心《第 42 次中国互联网络发展状况统计报告》，截至 2018 年 6 月，中国互联网普及率为 57.7%（在 42.7%的未普及人群中，受不懂拼音等文化程度限制的非网民占 32.5%）。社交网络中的即时通信如 QQ 的用户为 7.56 亿人，占网民总体的 94.3%。根据 HootSuite 和 We Are Social 发布的《Q4 Global Digital Statshot Report》，截至 2018 年 10 月，全球互联网用户数已经超过 41.76 亿，社交网络活跃用户规模达到 33.97 亿，约占全球总人口的 44%。其中，社交网络如 Facebook、YouTube、whatapp、FB messenger、微信的单月活跃用户分别占全球互联网用户的 53.5%、45.5%、35.9%、26.3%、25.2%。可见，社交网络已在全球范围被广泛关注和使用。市场营销学之父 Kotler（2013）称，社交网络引发了网络经济的“第二次浪潮”，已成为企业联系顾客的最理想工具。目前，社交网络已成为学术界的一个重要研究热点，然而现有对基于社交网络的企业活动的研究多集中在社会化媒体营销（邓乔茜等，

2015）、社交电商（Chen 等，2016；Zhang 和 Benyoucef，2016）和用户参与创新（焦媛媛等，2018）等方面，对社交网络的基本概念、特征以及类别尚有争议，如在线评论区是否属于社交网络。有关社交网络概念、特征及类别划分的不一致将影响我们对社交网络情境的全面理解，也会给企业利用社交网络进行营销和新产品扩散带来困扰。由此，本节结合现有文献对社交网络的概念、特征以及类型进行研究。

一、社交网络的概念与特征

在国外的研究中，社交网络起源于 Milgram（1967）提出的六度分割理论（Kirkpatrick，2011）。外文文献中被翻译为“社交网络”的术语有“social networking”“social networking services/sites”（简称 SNS）“social media”“online social networks”“social networks”。各术语因研究的学科特点不同各有侧重。如“social networking services/sites”因其术语提出者 Boyd 和 Ellisons（2007）的信息学学科背景，所界定的概念侧重技术属性，突出的是技术应用；而“social media”则因 Mayfield（2007）的媒体使用经历侧重媒体属性，强调的是信息传播功能。

社交网络在国内的研究始于 2007 年 Mayfield 的《What is social media》。“social media”一词随后被译成“社会化媒体”“社交媒体”，甚至还有“社会性媒体”。“social media”是指基于 Web2.0 技术和用户内容创建的实现用户间互动或信息分享的新兴媒体，如：Facebook、MySpace、Twitter 等。“social networking”“SNS”“online social networks”“social networks”是指在现实生活中有某种关联的人们之间建立社交关系的平台或应用。而归根结底，不管是“social media”或“SNS”，都是具有社交功能的互联网应用，是人们借其进行信息、思想及情感交流，以获得满足某种目的的媒介，并且互动都是基于网络的（Walther，1996）。可见，两者所实现的功能和具有的内涵是一致的，两者都是承载社交关系的虚拟载体，强调基于在线人际关系网络进行信息交流和社交互动，据此本书将 Facebook、微信、网络游戏等都称为社交网络。

随着信息技术和 Web2.0 技术的不断发展，社交网络的内容和范围也在不断扩展。早期，社交网络被认为是一种允许用户参与、交流、对话的在线媒体/平台，如 Wiki 百科、论坛。Scott（2007）、Antony（2007）、Russo 等（2008）和 Terry（2009）等学者从媒体属性出发，指出社交网络为用户进行社交互动提供了虚拟的“物理场所”，给予用户极大的参与空间。Boyd 和 Ellison（2007）根据社交网络的功能属性提出社交网络是一种基于互联网进行的人际交互服务应用，允许用户在有界系统内公开或半公开地创建内容并与其他用户建立联系，如 Facebook、人人网。O'Reilly（2007）、Agichtein 等（2008）、Kent（2010）、Kaplan 和 Haenlein（2010）等学者根据 Wiki 百科、人人网等社交应用或社交平台的共性，指出“用户创建内容”（User Generated Content，简称 UGC）是社交网络的主要特征。后续学者如王明会等（2011）、彭兰（2015）等从技术支持层面进一步明确社交网络的范围，即：社交网络是以 Web2.0 技术为基础的，而 Web2.0 是区别于用户通过网页获取信息的 Web1.0 技术的，或者说社交网络更注重用户之间的交互作用。在社交网络时代，用户已不再仅仅是信息的被动接收者，他们既是网站内容的消费者（浏览者），又是网站内容的创建者。Kietzmann 等（2011）、Howard 和 Parks（2012）等学者则从社交功能出发认为，社交网络不仅是用户创建内容并消费内容的场所，也是用户创建内容实现其价值以及用户自我表达和展示的场所，并据此提出了社交网络的 7 功能蜂窝模型：存在、共享、交流、集合、信誉、关系和身份。

Carr 和 Hayes（2015）认为以上学者对社交网络的概念界定或解读多是根据已经出现并被使用的社交网络，因此显得过于局限和笼统，缺少前瞻性，对未来新型社交网络的发展不具有指导意义。据此，该学者提出了一个更加具体、适用范围较广、时效性较久的概念，即：社交网络是基于互联网的人际交互场所，具有允许用户进行互动、进行自我展示的功能特点，以及用户可以突破时空的局限在任何时间和任何地方与其他用户进行交互的用户交互柔性特点，它不一定是在 Web2.0 技术支持下实现的用户创建内容或消费内容，它最主要的任务应该是把想进行交互的个体关联起来，从而以集聚各种社交关系（Social-ties）的载体形式存在。这一概念被学术界的众多学者接受，如：Aichner 和 Jacob（2015）赞同社交网络不仅仅包括 Facebook、微博等支持用户创建内容或消费内容的网站，还应包括一切能让人们建立联系的应用，如视频应用程序等；Diana Cotrău（2015）也认为社交网络不仅仅支持传统意义上的用户创建、添加、修改内容，以及简单的内容消费，更重要的是用户之间的互动感知。

由此，社交网络是一种允许人们创建内容、消费内容，支持人们进行社交互动或感知互动，实现用户创建内容价值的虚拟“物理场所”，而且它集聚了人们之间建立的各种类型的社交关系。可以说社交网络具有以下几个鲜明的特征：

第一，社交网络强调用户之间建立的社交关系，帮助人们实现基于网络的人际交互，因此所有支持人们建立社交关系并进行社交互动的应用都属于社交网络，如：论坛、QQ、Wiki 百科、电子商务在线评论区、抖音等。

第二，依托社交网络建立的各种社交关系的总和即社交关系网络（Adamic 和 Adar，2009；Schneider 等，2009；Xu 和 Zhang，2012；Nikou 和 Bouwman，2014）。由于社交网络打破了人们交互的边界范围，不再局限于身边的或认识的人，所以在社交关系网络内，用户之间的关系强度类型既可以是认识时间短、互动次数少、亲密度低、互惠交换少的弱关系，也可以是认识时间久、互动频繁、亲密度高、互惠交换多的强关系，也可以介于强关系和弱关系之间。

第三，以用户为内容创建主体，用户可以是个人、组织或企业（Howard 和 Parks，2012），而非少数编辑人员（或站长）；用户之间的交互既可以是同步实时的，也可以是异步不同时的（Carr 和 Hayes，2015）；在用户交互过程中，信息的流动方向既可以是单向的如微博，也可以是双向的如微信，还可以是多向的如抖音。

二、社交网络的类别划分

不同的社交网络，其技术及平台特征有所不同，信息环境也有所区别，若不将社交网络进行类型划分则易导致相关研究缺乏针对性或不够深入（Ruth 和 Pfeffer，2014）。所以，社交网络类型的划分是很多学者进行深入研究的基础，由此可以更加系统地把握社交网络的功能特征、社交属性等内容，以及更加有效地利用社交网络，充分发挥其在企业中的应用价值。

（一）社交网络类别划分的研究综述

已有学者分别依据不同的标准对社交网络进行了类型划分：Scanfeld 等（2010）依据功能将社交网络分为博客、微博、社交网站、维基百科、社会新闻和书签、用户评论、照片/视频分享 7 类。Weinberg 等（2011）则从信息半衰期（指相关媒体和内容函数，主要依据话题的出现率及对话的兴趣来判定信息的寿命）和信息深度（指内容的丰富性、观点的数量及丰富性）两个维度将社交网络划分为博客、微博、虚拟社区和社交网络站点/服务 4 种类型。Kaplan 等（2010）依据社交临场感（social presence，指交流双方可以获得的听觉、视觉或物理接触感）和自我呈现（self-presentation，为了在社会交往过程中影响他人对自己的印象，主要通过有意或无意的自我表露来实现）两个维度将社交网络划分为博客、社交网站、虚拟世界、联合项目、内容社区与虚拟游戏世界 6 类。Aichner 和 Jacob（2015）

在 Scanfeld 等的研究基础上根据使用范围把社交网络拓展为 13 类，如商业网站、企业社交网络、论坛、虚拟世界、社交游戏应用。Kim 和 Lee（2016）则根据社交网络的关系特征将社交网络分为对称型（如：Facebook，用户关系建立在双方同时接受彼此为好友）和非对称型（如 Twitter，用户关系建立在一方可以关注另一方而不必同时被对方关注）。中国学者邓乔茜等（2015）在已有研究的基础上根据网络结构特征从社会化媒体营销的视角将社交网络划分 6 类，分别是依靠圈子传播的博客类、实现信息共享的社群类、意见领袖主导的论坛类、通过关系链使人们建立联系的社交媒体类、支持消费行为的虚拟世界类以及多人对多人的合作项目类。现有研究对社交网络类型的划分见表 2－1。

表 2－1　现有研究对社交网络的类型划分表

划分依据	类型	文献
功能	博客、微博、社交网站、维基百科、社交新闻和书签、用户评论、照片/视频分享	Scanfeld 等（2010）
信息半衰期、信息深度	博客、微博、虚拟社区、社交网络站点/服务	Weinberg 等（2011）
社交临场感、自我呈现	博客、社交网站、虚拟世界、联合项目、内容社区、虚拟游戏世界	Kaplan 等（2010）
使用范围	博客、微博、商业网站、合作项目、企业社交网络、论坛、照片分享、服务评论、社会书签、社交游戏应用、社交网站、视频分享、虚拟世界	Aichner 和 Jacob（2015）
关系特征	对称型、非对称型	Kim 和 Lee（2016）
网络结构特征	博客类、社群类、论坛类、社交媒体类、虚拟世界类、合作项目类	邓乔茜等（2015）

资料来源：作者整理。

（二）社交网络类型划分的研究评述

随着社交网络的广泛使用，越来越多的企业开始使用社交网络进行产品营销、创意获取、客户关系管理等。企业使用社交网络实现其商业目的的根本原因则在于社交网络集聚了各种类型的社交关系，是企业进行产品信息传递、与顾客沟通交流、让顾客参与企业产品营销与产品设计开发的理想选择。社交关系是顾客与顾客、顾客与企业、企业与企业的纽带，社交关系强度（Tie Strength）的强或弱影响社交网络用户之间的可信度，用户分享信息的动机也因关系的强弱有所区别（冯娇和姚忠，2015），而且个体的行为决策受他人影响的程度也因关系强度不同而不同（Smith 和 Christakis，2008；MoMillan 等，2018）。已有研究表明，关系越强，个体的行为决策越容易受到他人影响，因为较强的关系传递了更强的情感支持、更高的信任以及更多的信息交换（Zhang 等，2018）。可见，了解不同社交网络集聚的关系强度对社交网络的商业应用具有重要价值。但已有对社交网络的分类均未考虑关系强度这一划分维度，一定程度上影响了企业对社交网络的充分和合理利用，降低了社交网络商业应用的效果。

据此，本书从社交网络的商业应用视角出发，以关系强度为划分依据，将社交网络划分为以强关系为主的社交网络和以弱关系为主的社交网络两种类型。其中，以强关系为主的社交网络如微信、QQ、Facebook 等，个体间互动频繁、亲密度高、互惠交换多、认识时间久，社交关系网络基本由个体现实社会关系到社交网络上的迁移组合而成，因此以强关系为主的社交网络中的成员彼此间具有较高的信任度，彼此间的相互作用力更强，对个体的行为决策影响也更大。以弱关系为主的社交网络如微博、抖音、在线评论区等，个体间的互动不频繁、关系疏离、互惠交换少，一般是泛泛之交，甚至彼此未曾谋面，通常由个体基于兴趣、信息需求等借助社交网络与他人建立的社交关系组成，因此彼此间的信任度相对较低（张宁俊等，2019），但有利于个体获取多样化的信息，能够更好地促进各种信息的传播和扩散。因为在以弱关系为主的社交网络中成员间的相似性程度较低，成员掌握和创建的信息异质化程度相对较高。并且弱关系是可以向强关系转化的，如基于兴趣建立的虚拟社区，随着成员间沟通交流行为的日益频繁，当个体越来越感知到其他成员与自己具有相似身份和地位、相似兴趣、相似理念和信仰时，彼此之间更容易由弱关系转变为强关系（Kossinets 和 Watts，2006）。

第二节　同侪影响的相关文献研究与评述

本节主要对现有的有关同侪影响的文献进行梳理和分析，以对同侪影响研究的发展过程和相关理论有较为全面的了解和认识，最后对现有研究进行评述，为本书研究问题的提出作铺垫。

一、同侪影响的相关文献综述

信息交换发生在相似或同质的个体间是人类沟通的基本原则（Rogers 等，2016），相似性或同质化程度越高，沟通的效率也越高，彼此间产生的相互影响也越大。或者说人类沟通往往发生在同侪之间，因为同侪之间的可比性相对较强，同侪对个体的参考价值也更大（Kandel，1978；Lewis 等，2012），如 Harris （1995） 对兄弟姐妹的研究发现，基因影响只能解释个体差异的约 50%，共同的环境影响只能解释 10% 以下的差异，而同侪影响则解释了个体差异的 40%—50%。由于在个体对奢侈品或公开使用的产品的购买决策中，同侪比其他参照群体或一般他人影响更大（Childer 和 Rao，1992），所以同侪影响以及同侪作为参照群体对个体的影响不但是社会学和社会心理学研究中一个经久不衰的话题，也是其他学科如市场营销等广泛涉及的话题。本书按研究开始的时间顺序对同侪影响研究的发展过程进行梳理。

在已有研究中，同侪影响一直被看作一种以选择和社会化并存为特征的现象（Kandel，1978；Caspi，1993；Urberg 等，2003），是一个社会心理学的概念。对同侪影响的研究始于1931年《儿童发展心理学手册》中的同侪互动、同侪关系对儿童成长发展的影响（Bühler和Anderson，1931），该手册指出儿童是对彼此最感兴趣的个体，个体互动特征的形成几乎都发生在其成长的前20年里，或者说，个体行为特征的形成几乎由其同伴塑造。Page（1936）和Chittenden（1942）的研究也表明，儿童行为具有可塑性，与同侪的互动影响其行为特征。Hartup（2005）进一步研究发现同侪互动是儿童和青少年行为改变的来源。直到1964年，Alexander和Campbell在研究朋友对青少年学业抱负和成就的影响时才首次提出“同侪影响”一词，并被Cohen（1977）、Kandel（1978）、William（1981）等学者引入以青少年为研究对象的研究中。

由于同侪关系为青少年成长发展提供了必要的环境（Allen等，2006），可以说，青少年时期个体和同侪相伴的时间远超过家人（Ryan，2000），而且同侪也是青少年学会与家庭之外的世界相处的最早群体，这一时期的同侪关系在青少年成长过程中的基本功能便是对青少年进行社会化，同侪之间的相互影响和作用不但是青少年自我发展过程中的重要影响因素（Cooley，1909；Mangleburg等，2004），也是预测青少年行为的最重要的预测指标（Dishion和Patterson，2006；Van Ryzin和Dishion，2012），因此围绕青少年行为习得和教育教学的同侪影响相关研究大量涌现。早期对青少年群体中同侪影响的研究主要集中在青少年问题研究（如反社会行为、离经叛道行为及健康风险等）和青少年教育教学研究（如学业成就/成绩、破坏行为等）。对青少年问题的研究主要由同侪对青少年酗酒（Bosari和Carey，2001）、吸烟（Kobus，2003）、好斗与非法行为（Dishion等1997）等消极行为的消极影响所推动；有关青少年教育教学过程中的同侪影响研究主要是基于学校环境被认为是决定青少年未来生活选择（Hoxby，2000；Sacerdote，2001）和个体习得未来生活所需技能、知识和社会资本的最重要场所之一（Wang和Holcombe，2010；Wang

等，2018）。但不管是关于同侪对青少年反社会行为等消极行为的消极影响的研究，还是对学术成就等积极行为的积极影响的研究，早期研究的基本思想建立在同侪对个体行为的影响具有社会乘数效应这一特征之上，即由个体的消极行为或积极行为放大为社会群体的消极或积极行为。而近年的研究却发现，同侪不仅对青少年的消极行为有消极影响，还对青少年的消极行为具有抑制作用，即对消极行为也可以产生积极影响。如 Lakon 等（2015）研究发现，同侪影响作为一种学校层面的综合影响，对青少年吸烟行为具有一定的抑制作用；Wang 等（2017）在此基础上进一步对青少年酗酒行为进行研究，发现同侪影响也同样发挥了对青少年酗酒行为的抑制作用，并由此推断同侪对青少年的消极行为也可以有积极的作用，关键在于如何对施加影响的个体进行干预或对被影响个体进行引导。这进一步表明，同侪影响不仅具有社会乘数效应，还应该存在另外一种效应，即点名效应。这进一步推进了青少年教育方向同侪影响研究的发展。

鉴于同侪在青少年成长发展中扮演的重要角色。营销学领域的相关研究发现，同侪对青少年的消费决策也具有积极的影响，具体表现为青少年之间的消费沟通影响青少年消费的社会动机、物质价值观等，青少年还倾向于根据同侪偏好评估产品（Churchill 和 Moschis，1978；Moschis 和 Churchill，1978；Moschis 和 Moore，1979）。Tootelian 和 Gawdeke（1992）进一步研究发现，青少年不但喜欢与朋友一起购物，还喜欢和朋友购买相同的产品或品牌，或者说易受同侪影响的青少年，不但喜欢与同侪一起购物，其消费决策还取决于同侪的消费行为。此研究进一步验证了青少年消费行为中同侪之间相互影响现象的存在。Childer 和 Rao（1992）在研究参照群体对消费者决策的影响时，发现参照群体影响对个体影响程度的大小取决于参照群体的类型，核心家庭（小家庭）的参照群体对消费者的影响一般小于同侪影响，首次把同侪影响的概念引入市场营销领域。随后，学者对如何利用同侪影响驱动消费者需求（Godes 和 Mayzlin，2004；Aral 等，

2009）以及如何利用已有消费者在同侪群体中创造广泛的、有影响力的 WOM 传播（Aral 等，2011）产生了极大的兴趣。在这些研究中，有关注如何寻找具有影响力的个体的研究（Watts 和 Dodds，2007；Goldenberg 等，2009），也有关注如何利用观察到的病毒营销的证据为口碑传播的病毒分支模型构建提供信息的研究（Van der Lans 等，2010）。随着电子商务与社交网络的融合，电子商务在支持社交的同时也为消费者提供了更多被同侪影响的机会（Grange 和 Benbasat，2010；Huang 和 Benyoucef，2013），进而影响其购买行为。根据 IResearch 报告，消费者之间的社交活动是导致冲动消费增加的重要原因（Shen，2014），可以说消费者的购买决策受同侪间的社交活动的影响很大。事实上，在社交电商情境下，消费者本身作为一种刺激源，其主要特征就是影响同侪的购买决策，正如 Xi 等（2016）研究发现，同侪影响已成为消费者冲动消费的重要推动力。

在同侪影响与创新扩散的相关研究中，虽然个体之间的相互作用和影响很早就引起了创新扩散方向学者的重视，并成了构建扩散模型的一个重要变量，然而早期研究并没有明确使用同侪影响这一概念，而是使用人际沟通（Bass，1969）、邻居效应（Bell 和 Song，2007）、网络效应（Burt，1987；Valente，1996a）和社会传染（Van den Bulte 和 Lilien，2001）等概念，研究已采用者的采纳行为引起潜在用户的模仿行为进而导致新产品扩散的过程。如在传染病模型（Susceptible Infectious Recovered model）（Kermack 和 McKendrick，1927）和 Bass 模型（Bass，1969）中，新用户的采纳行为被认为是受已有用户影响的结果；在阈值模型（Threshold models）（Granovetter，1978）中，采纳行为被认为是潜在用户因其朋友中有一定比例的人采用了某产品而采纳相同或相似产品的结果；在核心模型（Hub model）（Watts 和 Dodds，2007）中，创新扩散被认为是信息灵通的核心个体的创新采纳行为导致其他用户采纳该创新的过程。由于同侪影响源于个体观点或行为在同侪间的传播或扩散，因此 Aral 等

（2009）认为基于个体间的交互网络是传染在社会、生物、技术和经济系统内发生的主要途径，该学者在对同质化效应（homophily effects）与同侪影响进行分离和识别时首次把同侪影响的概念引入创新扩散方向。此后，同侪影响被视为影响个体新产品采纳行为的重要因素（Peres 等，2010）以及促进产品扩散的重要驱动力（Belo 和 Ferreira，2017），并引起了扩散领域学者的关注，相关研究主要集中在对创新扩散中的同侪影响存在性检验（Lessem 和 Vaughn，2009；Bapna 和 Umyarov，2015）、同侪影响的识别（Aral 和 Walker，2011）、如何利用同侪影响驱动新产品扩散（Godinho de Matos 等，2014；Greszczuk 等，2018）、同侪影响与产品扩散的关系（Goel 等，2012；Belo 和 Ferreira，2017）以及同侪影响对创新扩散中的作用机制（Zhang 等，2018；Aral 和 Walker，2012，2014）。但无论是研究同侪影响与创新扩散的关系，还是基于同侪影响视角研究创新扩散过程，现有研究大多基于同侪影响是社会影响或社会传染中的一种特殊情况而使用社会影响或社会传染理论对同侪影响进行解释或测量。因此，有学者甚至认为有关同侪影响与创新扩散相交叉的研究相对匮乏（Park，2019）。

同侪影响作为一个社会心理学的概念，不但存在于婴幼儿、青少年、消费者以及创新的采纳者之间，还有普遍存在于员工之间。如 Falk 和 Ichino（2006）采用实验的方法验证了员工生产活动中同侪影响的存在；Bandiera 等（2005）、Bandiera 等（2009）、Mas 和 Moretti（2009）、Guryan 等（2009）等研究发现，高效率员工的引入有助于提高其他员工的工作效率。相关研究基于高效率员工的真实存在，提出同侪影响对员工行为的影响表现为以下三种形式：知识溢出效应，即个体通过直接观察同事行为导致自身生产率的显著提高（Azoulay 等，2010；Chan 等 2014a）；竞争效应，即在差别计件工资制度下，由于高生产率的同事所创造的竞争环境，员工提高生产率的动力被激发（Lazear 和 Rosen 1981；Chan 等，2014b）；以及同侪压力效应，这一效应源自员工基于社会需求考虑的结果，比如如果员工发现其被其他员工认为是无效率的，他们可能会变得更有效率，否则他们会经受同事制裁或羞辱等负效用（Kandel 和 Lazear，1992；Knez 和 Simester，2001；Mas 和 Moretti，2009）。随着互联网和数字化技术的发展，通过社交网络进行交互的员工之间的相互作用、相互影响逐渐成为同侪影响研究触及的一个新方向（Sproull 和 Kiesler，1986；Liu 等，2018），相关研究从员工交互的视角探索以同侪影响为前置变量的相关话题，如同侪影响对企业系统的使用（Sasidharan 等，2012）、集体任务完成（Subramaniam 等，2013）和员工绩效（Sykes 等，2014；Zhang 和 Venkatesh，2013）的影响，这些研究均取得了很大进展，也进一步推动了有关同侪影响研究在这一领域的发展。随着社交网络逐渐受到企业管理人员的重视，并成为企业促进员工沟通和进行员工管理的新型工具（张新等，2018），员工之间的相互作用和相互影响也开始广泛地发生在社交网络这一虚拟的“物理场所”，如 Liu 等（2018）研究发现员工可以通过社交网络观察更多的同事的成功事件，而不再局限于其所接触到的同事，进而影响员工的工作积极性并使员工的生产率有所提高。社交网络为员工创造了无真实他人在场的环境，这区别于传统的真实他人在场环境，因此同侪影响在社交网络情境下的存在扩大了同侪影响在这一领域的适用范围。这也说明同侪影响不仅由传统情境下员工的面对面沟通或直接接触产生，也可以由面对面沟通相对缺失的虚拟交互产生。

为了更深入地了解同侪影响的作用机制，生物学领域的学者开始考虑同侪影响产生的生物学因素（Van Hoorn 等，2016；Kendler 等，2015），试图从神经科学和遗传学的视角解析同侪影响。如 Brakemore 和 Choudhury（2006）研究发现个体的影响力源自其青少年时期的大脑发育尤其是社会认知技能的发育，而个体对同侪影响的抵制也同样受大脑的特定特征的影响（Paus 等，2008）；Nelson 等（2005）、Grosbras 等（2007）进一步利用 fMRI 法和其他成像方法识别出了神经图谱中对同侪影响高度敏感的神经区；Rutt 和 Silberg（2002）研究发现个体的易感性受基因调节，或者说个体是否易受同侪影响由自身的基因决定；Harden 等（2008）进一步研究发现在吸烟和酗酒行为中，拥有高易感性基因的个体更易被朋友（即同侪）影响。该学科领域的相关研究为了解同侪影响产生的生物性根源提供了新的洞见，拓展了学术界对同侪影响理解的深度，且对理解同侪影响的客观存在性提供了更加丰富和可靠的理论支持。

Manski（2000）首次提出同侪影响的单位可以是个体、企业，也可以是组织或政府，并将这些影响单位称为"agents"；基于经济学的观点，进一步将同侪影响解释为 agents 进行决策时因受周围同伴、同行的影响而使自身的行为和行为结果发生变化的过程（Manski，1993）。而且组织是由人组成，是个体存在的载体，也是个体存在本身的一种表达方式，因此"组织的人化"为同侪影响拓展到组织层面提供了合理性（傅超等，2015）。John 和 Kadyrzhanova（2008）利用美国上市公司样本数据，采用超额方差波动法以及乘数效应检验等研究发现，同一区域内的企业，其公司治理（反收购条款）受同侪企业直接影响，且能够与本企业治理产生交互作用，从而对公司绩效施加间接影响，首次验证了同侪影响在组织间的存在，填补了同侪影响在组织决策的作用的研究空白。Leary 等（2014）再次利用美国上市公司样本数据，以股票收益波动作为工具变量，研究发现美国上市企业资本结构决策存在同侪影响，且市场占有率小、不分配股利、存在融资约束的企业表现出较强的同侪影响效应。Patnam（2011）采用印度上市公司样本数据，基于改变企业网络结构的外生事件（连锁董事死亡、退休等）构建工具变量，实证研究发现金融投资决策也同样存在同侪影响效应。近年来，同侪影响也逐渐成为国内学者研究组织决策的一项新内容（晏艳阳等，2016），相关研究涉及公司治理（万良勇等，2016；钟田丽和张天宇，2017；傅超等，2015；陆蓉和常维，2018；李志生等，2018）、创业活动（王兵等，2017；宴艳阳等，2018）、薪酬管理（赵颖，2016）及政府决策（邓慧慧和赵家羚，2018）。而在传统的研究中，组织一般被视为独立决策的结构，忽视了同行组织以及组织之间的相互作用对某个组织决策带来的影响（Cohen 等，2008）。同侪影响被引入组织决策行为研究中，扩充了经典经济学理论，在考虑个体与市场之间的互动关系之外加入了同侪影响这一变量，具有重要的理论与现实意义（郑风田和郎晓娟，2007），同时也拓展了同侪影响研究的应用层面。

二、同侪影响的相关研究方法

早期对同侪影响的实证研究采用了调查研究法（如 Stephan，1978）、案例分析法（如 Coleman，1966）。调查法和案例分析法基本属于事后分析法，并且对研究问题和结果的解释也多依据参照群体影响理论，因此未能为同侪影响理论的发展提出新的见解。Kandel（1978a，1978b）、Urberg 等（2003）学者抛开参照群体影响理论，采用实验的方法针对因同侪之间的相互作用和相互影响而产生的同侪影响这一社会现象进行理论探究和分析，但实验过程往往掺杂社会影响中关联效应和情境效应带来的影响，关联效应即个体间因相似的特征或面临相似的制度环境而做出同质化的决策或行为，情境效应指个体行为、观点等随群体外部特征（如社会经济环境、文化环境）变化而变化。实验法很难将同侪影响给个体带来的变化与关联效应、情境效应给个体带来的变化进行分离，或者说实验难以规避关联效应和情境效应对同侪影响研究带来的干扰。因为三者通常相互依存，所以实验法虽能够验证和识别同侪影响的存在（Aral 和 Walker，2011；Bapna 和 Umyarov，2015），但很难准确测量同侪影响的大小。

为更准确地测量同侪影响，还有一些学者采用了数学模型，如 Oestreicher-Singer 和 Sundararajan（2008）、Trusov 等（2009）使用同侪影响模型与拓展的空间自回归模型测量同侪影响的大小；Ding 等

（2018）使用参与模型对同侪影响进行测量等。虽然数学模型能相对有效地对同侪影响进行量化，但数学模型的构建毕竟是在一种理想化的情景下，通过对变量简化而得，而现实情况通常是较为复杂的。更何况同侪影响是一个社会心理的概念，对其测量不仅要考虑同侪影响本身的特征，还要考虑被测的个体特征、测量的情境特征以及与同侪影响关联的个体认知程度、意识化程度等其他因素，因此使用数学模型测量同侪影响这一复杂的社会心理学变量并不合理。虽然说学者使用社会心理学的量表测量法测量同侪影响，如 Ghose 和 Han（2010）、Yang 等（2015），但他们通常使用社会影响、参照群体影响的测量量表对同侪影响进行测量，而同侪影响与社会影响、参照群体影响虽然有联系但也有区别，并不能被后两个理论完全替代。因此，现有研究使用社会影响或参照群体影响的量表对同侪影响进行测量并不严谨。

三、研究评述

从上述对同侪影响的相关文献研究可知，同侪影响不但由来已久，而且涉及的研究对象也较广泛，从儿童到一般消费者或用户，从传统情境下认识的同侪到社交网络情境下未曾谋面的陌生人，从个体层面到组织层面，从社会原因到社会心理因素再到生物性根源。然而，现有研究对同侪与同侪影响并没有明确、统一的概念界定："同侪"基本被默认为认识的同龄、朋友、同伴、同事或同行业的组织。事实上，随着社交网络的发展，同侪的概念已经发生了很大了变化，同侪关系也已不再局限于身边的同龄人、朋友、同事等，但对于社交网络情境下如何界定同侪影响尚缺乏明确的概念。

随着研究的进展，同侪影响的内涵也在不断演变，最初是被社会学领域的学者（如 Alexander 和 Campbell，1964；Cohen，1977）视为一种社会现象，从社会学的视角被界定为选择和社会两阶段并存的结果。Hallian 和 William（1990）在已有研究的基础上，提出影响过程论，首次从社会心理学视角将同侪影响解释为个体在信息需求或与同侪的交互过程中受同侪影响，从而带来自身态度、观点或行为的改变，进而与同侪趋同的社会心理过程。更多的学者如 Aral（2011）、Godinho de Matos 等（2014）、Zhang 等（2018）则使用社会影响、社会传染的理论对同侪影响进行解释。Manski（1993）则从经济学的视角基于当决策需要付出代价时，模仿更了解情况的他人是个体的优先选择这一基本思想，将同侪影响解释为个体之间发生的理性社会互动现象，与社会影响中的内生效应相似，都表现为个体行为倾向随群体行为变化而变化。可见，学术界对同侪影响内涵的理解尚处于仁者见仁阶段，不同学科领域的学者基于其学科特点从不同的视角理解或解释同侪影响，直到同侪影响被各学科领域广泛涉及的今天，学术界仍未明确同侪影响的内涵。随着社交网络的发展，同侪影响变得更加凸显和广泛，同侪影响导致的网络同质化现象已成为学术研究的一个热点话题（Lewis 等，2012）。同侪影响内涵的模糊和不统一显然会影响学者对同侪影响的把握和理解，进而增加同侪影响研究的阻力。

新情境下个体共享的社会身份被放大，传统情境下显著的社会标志模糊化或变得不可见（Chung，2018），可以说社交网络的使用分散了人们对自己与他人之间存在差异的注意力，更加突出感知相似性，从而培养社会认同感，因此新情境下个体更多是基于感知相似性选择交互对象。而且个体交互的边界也被打破，不再局限于地缘、业缘和血缘关系，因而新情境下个体更加广泛和深刻地受到社交网络上的他人的影响（Lee，2006）。正如一些学者所发现的社交网络的同质化已成为人类生活中最令人震惊的规律（Lewis 等，2012；Bapna 和 Umyarov 等，2015）。这一客观社会现象事实上是由同侪影响产生的过程推动的，而情境的变化也使得同侪影响的产生过程发生了变化，已由传统情境下的两阶段过程转变为社交网络情境下三阶段协同演化过程（Ding 等，2018），因为社交网络情境下个体可交互的同侪对象不仅由地缘、业缘和血缘关系自然产生，还可以由社交网络而人为产生。但对同侪影响产生过程的研究毕竟还处于现象层面，鉴于同侪影响是一个社会心理过程，只有打开同侪影响产生过程背后的“黑箱”，即同侪影响产生的内在机理，才能对个体的微观社会心理过程进行深入剖析，从而为同侪影响理论的建立提供支撑，然而这却是现有研究的一个空白点。更何况，社交网络上的个体之间的关系并非一定是群体成员关系，而更多的是彼此间未产生内聚力的相似个体（Scanfeld 等，2010），个体之间的相互作用也并不仅发生在某一特定的社会环境中，显然参照群体影响和社会影响理论已无力解释社交网络的同质化现象。

学术界对涉及面这么广、在新情境下又广泛存在的同侪影响之所以未建立一套完整的理论体系，甚至连一套有效的测量工具都尚未建立，本书认为可能的原因在于：第一，同侪影响被认为从属于社会影响、参照群体影响，这两个理论完全可以对同侪影响予以解释，如 Bearden 等（1989）、Childers 和 Rao（1992）；第二，同侪影响被认为是同龄人、朋友或同伴等之间的影响，被视为一种普通的社会现象，如 Alexander 和 Campbell（1964）在提出同侪影响时并不需要对其进行概念界定或任何解释；第三，同侪影响的结果与关联效应、情境效应的结果相同，很多时候伴随着这两种效应共同产生趋同的结果，也就是说同侪影响难以完全地和关联效应、情境效应分离开来，增加了对同侪影响研究和测量的难度，如 Manski（1993）等。随着社交网络的广泛使用以及社交网络情境下同侪影响的作用范围更广、影响更深刻，完善和发展同侪影响理论显得尤为重要，因此本书尝试对同侪影响理论的基础性内容进行研究以弥补现有研究的不足。

第三节 新产品扩散的相关研究综述

新产品是指某一产品被某个人或团体认为是“新的”，与它是否为客观上的新或被第一次使用关系不大（Rogers 等，2016；Kotler 等，2013）。新产品扩散指新产品在一定时间段内通过特定的沟通渠道在某一社会体系里传播的过程，包括创新、传播渠道、时间和社会体系四要素（Rogers 等，2016）。对新产品扩散的研究最早可追溯至社会学和社会心理学的开山鼻祖 Tarde 提出的“社会模仿说”，Tarde 认为扩散的本质是模仿，模仿是最基本的社会现象之一，而创新的扩散则是解释人们行为变化的最基本因素。直到 40 年后，Tarde 这一颇具创造性的洞见才被进一步发展，Ryan 和 Gross 继承了 Tarde 的学说于 1943 年发表对杂交玉米新品种的扩散研究学术论文，从此创新扩散开始成为学术界一个独立的研究方向，且相关研究涉及社会学、经济学、营销与管理等多个学科（Rogers 等，2016），其中营销与管理学科的创新扩散研究主要涉及的是新产品扩散。据此本章主要从营销与管理的学科视角，对新产品扩散的研究层面进行梳理以更清楚地把握新产品扩散的研究发展脉络，在此基础上进一步对同侪影响与新产品扩散的相关研究文献进行系统的分析和深入的探究以明确现有研究的空白、悖论与不足。

一、新产品扩散的研究层面

从 1943 年 Ryan 和 Gross 发表杂交玉米新品种扩散研究的学术论文至今，新产品扩散研究大致经过了从个体微观层面、人际关系层面和社会网络层面、宏观层面到社交关系网络层面的发展历程。

（一）个体微观层面

扩散思想虽始于 1903 年，但直到 40 年后 Ryan 和 Gross（1943）关于杂交玉米扩散研究论文的发表，才引起学术界的重视。受当时的时代背景影响、研究范例指引以及研究方法限制，早期的扩散研究（20 世纪初—20 世纪 60 年代中）主要以个体为分析单元，以个体对新产品的接受或拒绝为关键的结果变量，从个体微观层面探究新产品扩散的社会过程。这一时期选择从个体微观层面进行新产品扩散研究的主要原因有以下几点：第一，“个体是一切社会问题的根源”是这一时期的主流观点，因此表征个体比同系统内的他人更早采纳新产品的程度的衡量指标即创新精神，其被认为是新产品扩散的重要因素之一，个体创新精神普遍被认为是导致扩散的重要变量；第二，扩散的研究范例引导扩散研究人员向研究个体采用者的方向发展，如 Ryan 和 Gross（1943）的研究对象就是衣阿农的个体农民；第三，研究人员更倾向于选择个体为分析单元，因为当时的研究工具和研究方法如调查分析法限制了他们对研究单元的选择。这一时期学者在探究新产品扩散问题时，将个体从社会背景中剥离出来，并且保证研究中个体之间不会相互影响，追踪创新通过某个体系在时间和空间上的传播，通过解构个体行为，研究影响扩散的个体因素，探索个体的创新决策过程，关注个体创新精神的本质特征。学者从个体微观层面研究新产品扩散问题时采用的研究方法主要是调查数据分析法，虽然使用简便、数据易获取，但研究方法限制了扩散研究的发展，导致学者忽略了个体之间的关系，这使得扩散过程的结构性和功能性消失。由于这一层面的研究过于重视新产品扩散中的个体行为，以至于出现了新产品扩散的“个体指责偏见”问题。

（二）人际关系网络和社会网络层面

Coleman 等（1966）学者在对药物扩散过程的研究中，挨个询问每个调查对象哪位医生是他最好的朋友，由此确定网络中谁与谁交谈，并据此获知调查对象将其对新产品的主观评价与系统内哪些成员分享，这些成员是否被影响从而采纳该新产品，并进一步揭示了个体通过关系网络交换其对一项新产品的主观评价。这一研究随后成了人际关系网络研究层面的开创之作，实现了新产品扩散研究由以个体为分析单元到以人际关系网络为分析单元的转变，也为后期特别是 20

世纪 90 年代从社会网络层面探究新产品扩散奠定了理论基础。

人际关系网络层面的主要观点就是传播结构引导了新产品扩散，围绕这一观点，早期的研究方法依然是调查数据分析法，不同的是调查问题转到了对个体的社会关系询问方面。这将学者对个体的关注转向了对人际关系网络的关注，个体对新产品的主观评价被高度重视，人际关系网络被认为是新产品扩散的决定因素（Aral 等，2009）。由于该层面的研究未考虑大众传播渠道在新产品扩散中的作用，因此 20 世纪 70—90 年代的扩散模型主要围绕人际影响构建，如基于已采纳新产品的同侪数量对个体采纳行为影响的阈值模型、基于个体间互动的博弈理论扩散模型、基于人际交互传染特征的扩散模型等。其中，阈值模型设定个体受其他采用者影响的程度超过了一定阈值才会实施同样的采纳决策（Granovetter，1978）；基于博弈理论的扩散模型认为个体之间通过协调博弈和对抗博弈两种类型的策略性互动来推动新产品扩散（Reinganum，1981）；基于人际交互传染特征的扩散模型主要通过人际网络结构中异质性特征、人际关系链或网络等模拟新产品扩散过程（Chatterjee 和 Eliashberg，1990；Winer，1985）。

20 世纪 90 年代后期，随着复杂网络的兴起（张晓军等，2009）和社会网络分析方法（Social Network Analysis，简称 SNA）的发展（朱月季，2016），学者们不但能够利用复杂网络刻画个体之间形成的社会关系，而且还能够使用社会网络分析法对社会网络层面的新产品扩散问题进行研究，如一些学者使用模拟仿真法，如渗流模型（Song 等，2007）、元胞自动机模型（Goldenberg 等，2002）、智能体仿真模型（Garcia，2005；危小超等，2017）等研究新产品扩散的动力机制，模拟不同网络结构下的新产品扩散速度和扩散程度（Kuandykov 和 Sokolov，2010），探索社会网络层面的新产品扩散影响因素（蔡霞等，2017）。虽然复杂网络和社会网络分析方法在一定程度上提升了模型预测的准确性与稳定性，但也存在模型参数设定随意性大，难以利用实证数据的缺陷，而且建模所需数据庞大，实现难度高。

（三）宏观层面

经历了以 Ryan 和 Gross（1943）为代表的个体微观层面、Coleman 等（1966）为代表的人际关系网络层面，Bass（1969）基于对新消费耐用品的扩散研究，结合传染病模型（SIR）构建了经典的 Bass 模型。模型假定用户受到大众传媒和人际沟通两种传播渠道的影响，在新产品扩散过程中，大众传媒对个体的影响主要集中在创新者群体中，人际影响带来的新产品扩散主要集中在四类用户群体（包括早期采用者、早期大众、晚期大众和落后者），这也是宏观视角下新产品扩散研究的主要观点。Bass 模型中的所有变量都以扩散研究结果为基础，并且为新产品引入市场时存在的许多不确定性提供了看似合理的答案，更为重要的是该模型是一个预测模型，为企业根据一个新产品的投放试行时期的销售情况或根据同类产品扩散情况预测某一新产品在未来一段时期内的采用量提供了分析工具，该模型及其拓展模型也因此成了 70 年代以后大量有关扩散的营销学著作被发表的一个关键原因。Bass 模型及其拓展模型也成了宏观层面的主要研究方法，其中拓展模型是在 Bass 模型的基础上放松假设条件而得到的，如设定市场潜力不断变化（Horsky，1990）、允许多种技术创新同时扩散（Bayus，1987）、引入多代创新产品（Norton 和 Bass，1987）、打破社会系统的地域界限（Mahajan 和 Peterson，1979）、考察多阶段扩散过程（Dodson 和 Muller，1978）、加入市场营销组合变量（Simon 和 Sebastian，1987）、改变产品属性和市场特性（Srivastava 等，1985）、增加市场供给和限制竞争效应（Jain 等，1991）、允许消费者重复购买同一产品（Lilien 等，1981），因此拓展模型提高了 Bass 模型的普适性。但所有研究模型都是在所有个体同质且独立的条件下，探索新产品在社会系统中成功扩散的宏观过程，如扩散时间、扩散速度、用户数量等。宏观层面的新产品扩散模型直观、简洁，但模型通常只考虑了新产品在社会系统中的整体扩散情况，忽略个体间差异性以及人际交互对新产品扩散的影响，如在每类采纳者之间都存在着一条裂缝，其中早期采纳者和早期大众之间的裂缝最大，也最难跨越，也被称为“峡谷”地带（Moore，1991），而了解采纳者之间的交互作用则有助于理解“峡谷”的产生（Goldenberg 等，2002），但这些却是宏观层面的研究不能发现和解决的问题。

（四）社交关系网络层面

随着通讯与信息技术的飞速发展尤其是社交网络的兴起，在是否采纳某一新产品的决策过程中，个体往往非常注重所处社交网络中其他个体的决策结果和可能反应，而且社交网络情境下个体对新产品的主观评价也正是通过依托社交网络建立的社交关系网络传播和扩散出去的，可以说社交网络的发展和普及应用使得用户可以更加方便、实时地与好友分享对新产品的主观评价或获取有关新产品的信息。而且社交网络情境下社会系统的边界开始变得模糊，新产品扩散范围也不再局限于某个社会系统内，而是沿着社交关系网络进行，因此以社交关系网络为分析单元探究社交网络情境下新产品扩散过程更加合理。

由此，社交网络情境下一些学者开始把对新产品扩散的研究分别从人际关系网络和社会网络层面、宏观层面转移到社交关系网络层面。如 Bakshy 等（2012）研究了社交网络如何影响新产品扩散，结果发现，与其他信息获取渠道相比，从社交网络好友处获取信息的个体更易受他人影响而采纳新产品，或者说基于社交网络产生的大量有关新产品的信息一定程度上提高了个体的易感性。如果说传统环境下社会网络是连接个体采纳行为和宏观扩散结果的必要部分（冉晓斌等，2017），那么在社交网络情境下，社交关系网络则已取代社会网络成为连接个体采纳行为和宏观扩散结果的更重要的纽带。因为社交网络情境下的社交关系网络已突破时间和空间的限制，依托社交网络建立的社交关系网络中不仅包括认识的人还包括不认识的人，而由个体的各种社会关系组合而成的、真实存在的、相对稳定的社会网络在社交网络上的迁移仅是由个体的各种社交关系组合而成的、虚拟的、动态变化的社交关系网络的一部分（邓乔茜等，2015）。所以，社交关系网络对新产品扩散有着更加广泛、深远和重要的意义。

随着社交网络的广泛使用以及社交网络与各种平台的融合，无论是新产品扩散的环境还是人际沟通的方式都发生了很大改变，并对新产品扩散产生了很大影响。冉晓斌等（2017）的研究结果进一步表明社交网络情境下个体决策越来越依赖于同伴（同侪），同侪影响在新产品扩散中的作用愈加凸显，而且同侪影响是连接个体行为与宏观扩散结果的关键变量；也有学者鉴于新情境下个体间的交互方式和影响机制已发生改变，对新产品扩散中同质化带来的关联效应和内生效应进行探究，研究发现社交网络情境下，用户采纳新产品的可能性已不仅仅依赖于身边的个体，还取决于所属社交关系网络中其他成员的采纳决策结果（Mehmood 等，2016；Budak 等，2012）。同侪间的相似性使同侪的采纳决策结果因此具有更高的参考价值，个体的采纳决策也更加依赖与个体自身具有相似性的其他个体即同侪。由此，从社会关系网络层面探究新产品扩散过程也已逐渐成为扩散领域的一个新的研究趋势（Chandrasekaran 和 Tellis，2018）。更为重要的是，由于社交网络放大了个体共享的社会身份的显著性，弱化了个体的社会标志，使得个体的个性化身份和人际差异变得模糊，进而使得彼此间更具相似性和可比性，鉴于他们又处于同一社交网络、同一社交圈，拥有可沟通的语言，这种彼此间的人际关系事实上更多是一种同侪关系，因此个体更易基于这种感知到的相似性而根据同侪态度、观点等调整自己，进而使得社交网络上的同质化成为人类有史以来群体生活中最令人震惊的规律（Lewis 等，2012）。新情境下的同侪影响与新产品扩散的关系正在成为这一新趋势中的一项新的研究内容。

从社交网络层面研究同侪影响与新产品扩散的文献根据不同的研究目的分别采用了不同的研究方法，如 Anagnostopoulos 等（2008）采用随机试验法（Random Test）识别新产品扩散过程中同侪影响是否存在，Fowler 和 Christakis（2010）采用实验室试验法（Experiment）研究相似的个体特征带来的关联效应和同侪间的相互作用产生的同侪影响在新产品扩散中的作用是否不同，Bapna 和 Umyarov（2015）采用随机田野试验法（Randomized Field Experiment）检验同侪影响是否存在以及同侪影响对于新产品扩散的重要性；冉晓斌等（2017）采用计量模型的方法通过控制关联效应对新产品扩散带来的干扰实证检验新产品扩散中的同侪影响效应；Xi 等（2016）采用心理学的量表测量社交电商情境下同侪影响对消费者购买意愿的影响。但实验法虽然能检验同侪影响的存在、识别同侪影响以及证实同侪影响的作用，但实验法往往难以完全控制干扰变量；虽然计量模型能有效控制关联效应对研究结果的干扰，但同侪影响的大小通常因人因产品因情境有所不同，因此研究结果的可靠性容易被质疑；虽然 Xi 等一些学者采用量表法测量同侪影响，但他们使用的往往是社会影响或参照群体影响的测量量表，同侪影响事实上是一个与社会影响、参照群体影响既有联系又有区别的独立理论，因此研究结果的准确性有待商榷。基于以上分析，现对新产品扩散的研究层面、分析单元、主要的研究方法、基本观点以及存在的问题总结见表 2 - 2。

表 2 - 2　　新产品扩散的研究层面梳理

研究层面	分析单元	主要研究方法	基本观点	存在的问题
微观层面	个体	调查数据分析法。优点：使用简便、数据易获得。缺点：限制了学者对分析单元的选择	个体创新精神导致扩散	个体指责偏见

续表

研究层面	分析单元	主要研究方法	基本观点	存在的问题
人际关系网络和社会网络层面	人际关系网络（直接连接）	计量模型。优点：有助于更细致地了解人际影响对扩散的作用。缺点：数据搜集困难；仿真模型参数设定随意性大，难以利用实证数据进行证实	扩散是沿着社会系统内人际关系的方向传播出去的	过于重视人际关系网络对于新产品扩散的传播作用，忽略了大众传媒渠道在新产品扩散中的作用
	社会网络（直接连接和间接连接）	渗流模型、元胞自动机模型、智能体仿真模型等复杂的网络模型。优点：反映社会交互对创新扩散的影响，最贴近实践。缺点：建模所需数据庞大，实现难度高；实地试验法一般局限于某一个社交网络，扩散不够充分	个体处于某一社会系统的社会网络中，网络关系强弱、网络拓扑结构及网络效应等显著影响扩散的速度和程度	
宏观视角	社会系统	Bass 模型。优点：直观、简洁，预测力强。缺点：对个体的同质性假设不符合现实情况	新产品扩散通过大众传媒和人际沟通两种渠道进行	忽略个体间差异性以及人际交互等对新产品扩散的影响
社交关系网络层面	社交关系网络（直接关系和间接关系）	实验法（随机试验、实验室试验、田野试验）、计量模型。优点：实验法能够直接且完整观察新产品扩散的具体过程，计量模型具有直观、简洁的优点。缺点：试验法和计量模型均难以规避干扰变量	社会系统的边界变得模糊，新产品扩散沿着社交关系网络进行	忽略了大众传播渠道的作用，且研究尚处于起步阶段

资料来源：作者整理。

二、同侪影响与新产品扩散关系的相关研究

同侪影响与新产品扩散的相关研究主要集中在以下两个方向：第

一，基于同侪影响的视角探讨新产品扩散问题，该方向研究的基本思想就是“新产品扩散是沿着人际关系网络进行的”（Coleman 等，1966）；第二，同侪影响与新产品扩散的关系研究，该方向依据的基本思想就是“虽然有关新产品的信息可以通过对创新的科学评估得到，但是大多数个人通常都从他们的同伴（同侪）处寻找，而且他们的同伴对新产品的主观看法也最能说服他们”（Rogers 等，2016）。

（一）基于同侪影响的视角探讨新产品扩散

后续学者继承和发展了 Coleman 等（1966）的研究成果，以“新产品扩散是沿着人际关系网络进行的”为研究的基本思想，分别从对新产品扩散中的同侪影响进行识别和证实、利用同侪影响促进新产品扩散两个方面研究新产品扩散过程。

在同侪影响识别方面，传统环境下新产品扩散中存在同侪影响已为大量学者所验证（Xiong 等，2018），如 Goolsbee 和 Klenow（1999）、Sorensen（2006）、Kremer 和 Levy（2008）、Luan 和 Neslin（2009）以及 Banerjee 等（2013）。随着 Web2.0 和社交网络的发展与普及，人们的沟通互动与信息分享的方式发生了很大改变，个体可交互的对象也由传统环境下的熟人拓展到社交网络情境下的陌生者，然而新情境下非熟人的人际关系中是否还存在同侪影响呢？基于人际影响的新产品扩散是否还是同侪影响的结果呢？一些学者围绕此问题展开了探讨，如 Aral 等（2009）动态匹配样本估计模型将动态网络中的同侪影响与同质化进行区分，以一个拥有 2740 万用户的全球即时消息网络为研究对象，对移动服务应用程序每天的采用量以及用户的人口统计学特征进行数据分析，更为准确地测量了同侪影响在新产品扩散中的作用；Ghose 和 Han（2011）采用结构模型的方法对用户对移动互联网用户创建内容的使用进行研究，发现在移动互联网用户对用户创建内容的使用方面存在同侪影响；Aral 和 Walker（2011）以一款允许用户分享电影评论的 Facebook 应用程序为研究对象，通过 1

万名种子用户的先期采纳观察该应用程序的扩散情况，并验证了该应用程序扩散过程中同侪影响的存在；Bapna 和 Umyarov（2015）以音乐分享网站 Last. fm 为研究对象，先随机找出一组用户，使其享受免费订阅服务，研究发现与订阅付费服务的用户之间的联系会增加其转为付费订阅用户的可能性，进而表明同侪影响在虚拟的社交网络情境下同样存在。

在对同侪影响的利用方面，包括从用户出发和从产品特征出发两个方向。从用户出发的研究主要基于以下两个关键假设：第一，一些用户比其他用户更多地接触新事物；第二，一些用户的采纳和意见通常对与之相似的其他用户的采纳有不成比例的影响（Van den Bulte 和 Joshi，2007；Slywotzky 和 Shapiro，1993）。这一逻辑认为，瞄准那些对新产品有更多接触的有影响力的潜在用户，将他们转化为已有用户，并发挥他们的影响力以及其影响力所产生的社会乘数效应，可实现新产品的持续扩散。事实上，这一逻辑不但与早期 Katz 和 Lazarsfeld（1955）、Weimann（1994）等提出的人际影响理论相似，而且在大量的实证研究中也被进一步验证（Rogers 等，2006；Valente 等，2003）。Iyengar 等（2011）基于对已有研究的梳理、分析，深入探究了意见领袖和社会传染如何影响新产品扩散和用户采纳，发现识别意见领袖或有影响力的个体是前提，他们所在的网络位置是关键，意见领袖或有影响力的潜在用户通常具有令人信服、社会关系广泛和知识丰富这三个显著特征，并且其分布的网络位置对新产品扩散有显著影响，个体间的关系强度、网络规模和相似性调节同侪影响与新产品扩散的关系。这在理论上拓展了我们对意见领袖的理解，并为探究同侪影响提供了指引（Aral，2011），在实践上也为企业有效发挥这一逻辑的作用提供了理论指导。还有学者在社会网络的层面探究对同侪影响的利用，如社会网络的节点特性、节点连接、网络拓扑结构等对新产品扩散的影响（蔡霞等，2017）。已有研究结果表明节点的一致性有助于网络成员采取相同行为，提高新产品扩散的速度和深度（Wejnert，2002；黄玮强和庄新田，2007）；观念领导者的类型和创新性强弱也会影响创新扩散速度，而影响效果取决于社会网络拓扑结构（黄玮强等，2013）；强关系在提供社会情感支持和解决成员冲突方面的表现明显优于弱关系，弱关系在传递的信息数量和信息类型上优于强关系（Granovetter，1973；Uzzi 和 Errata，1997）；在规则网络、随机网络、小世界网络和无标度网络中，新产品扩散在无标度网络中的扩散速度最快（Gaston 和 Desjardins，2005），在随机网络内部聚集系数高的网络中的扩散速度大于内部聚集系数低的网络（Manshadi 等，2018）。

从产品本身特征出发的研究主要基于新产品的网络外部性、新产品的病毒特征、价格等。如 Tucker（2008）研究发现对于有网络外部性特征的产品，一旦被某一组织中有影响力的人（尤其是那些组织中跨部门的影响者和非正式组织中处理公司沟通网络中心的人）采纳，便能够迅速地扩散出去；Aral（2011）在 Iyengar 等（2011）研究的基础上基于同侪影响视角对新产品扩散的因素进一步分析总结发现，除了其他因素之外，新产品在整个社会系统中的扩散率取决于新产品的吸引力以及有助于扩散的病毒特征；Aral 和 Walker（2011）以具有病毒设计特征的虚拟产品为研究对象，发现新产品扩散作为病毒特征产品的函数在被动广播和自动推荐两个方面具有显著的差异性，并且产品的网络信息（如相似的、互补的产品或多少人购买等）也是用户是否采纳新产品的重要决定因素；Oestreicher-Singer 和 Sundararajan（2012）在亚马孙图书为对象的研究中发现，如果提供“看到此商品后其他顾客还会购买的产品”，也即对于某一图书而言，与其关联的图书越多，其他顾客越可能影响该顾客的购买决策。

（二）同侪影响与新产品扩散关系的相关研究

一些学者基于“虽然有关新产品的信息可以通过对创新的科学评估得到，但是大多数个人通常从他们的同伴（同侪）处寻找，而且他们的同伴对新产品的主观看法也最能说服他们”（Rogers 等，2016）这一基本思想探究同侪影响与新产品扩散的关系。相关研究主要包括两个方面：一是依据“扩散的关键是一个用户会把信息和其他用户分享”的观点构建新产品扩散模型；二是论证同侪影响对新产品扩散的影响程度，但论证结果尚存在争议。

依据“扩散的关键是一个用户会把信息和其他用户分享”观点构建的新产品扩散模型有：阈值模型（Threshold Model）（Granovetter，1978），该模型假设采纳行为是不可逆的，即是一个由潜在用户转换为已有用户的单向过程，在阈值模型中，当采纳新产品的同侪数量达到某一特定值时，个体的新产品采纳行为才会发生，这一特定值即个体采纳新产品的阈值，这一模型通常高估了新产品扩散过程中的用户数，因为新产品扩散过程的用户流失现象是不可避免的；级联模型（Cascade Models）（Goldenberg 等，2001；Kempe 等，2003）在阈值模型的基础上考虑了新产品扩散中的用户流失现象，假设每个用户都有影响同侪的可能性，调整后的模型与疾病传染的传染性模型较为相似，用户流失可以由病人从感染中恢复的概率来解释，但与传染病模型（SIR）不同的是，在 SIR 模型中，感染的规模与持续时间很大程度上取决于感染率与痊愈率的比值，所以级联模型并不适用于重复购买的情景；Dodds 和 Watts（2004）结合阈值模型和级联模型，在考虑重复购买的情况下构建了社会传染模型（Social Contagion），在该模型中，同侪接触得到随机剂量的采用者、感染源或产品，用户将保留过去的记忆，并在累计接触超过一定阈值时采用，这一模型结合了感染和持续使用两种情况，当用户使用该产品时，他周围的同侪接触到该产品的频率更高，因此通过累计接触有更大的感染概率，所以模型适用于各种产品，而采纳规模与扩散持续的时间取决于用户的持续使用或流失。由于“信息的交换多在两个同质或相似的个体（即同侪）之间发生，这是人类沟通的基本规律”（Rogers 等，2016），所以个体分享新产品信息的主要对象也将是同侪。这一方面的研究可以说肯定了同侪影响在新产品扩散中的重要地位，凸显了同侪影响是驱动新产品扩散的关键。

关于同侪影响对新产品扩散的影响程度研究，目前主要存在三种观点，一种以 Rogers 和 Peres 两位学者为代表，认为同侪影响在新产品扩散中起着十分重要的驱动作用。因为虽然有关新产品的信息可以通过对新产品的科学评估得到，但大多数个体通常从同侪处寻找，而同侪对新产品的主观评价也最能说服他们（Rogers 等，2016）。Peres 等（2010）提出了一个对驱动新产品扩散的因素进行分类的框架，对源于个体间异质性因素和涉及社会互动的因素进行了明确区分，发现前者只包括了决定是否采用、何时采用的个体特征，后者则包括了所有人际沟通的形式以及不同市场参与者之间的相互依赖关系。其中相似个体之间建立的同侪关系是个体最为依赖的关系，因此认为新产品扩散是在同侪影响驱动下，新产品被更多的用户接受和采纳，从而渗透至整个市场的过程，也就是说相对于其他影响因素，同侪影响对新产品扩散的影响更加重要和突出。

第二种以 Aral 为代表，认为同侪影响对新产品扩散的作用有限。如 Goel 等（2012）分析了七个网络领域（Twitter 和雅虎等）的产品扩散模式，他们发现这七个领域的新产品扩散呈现了一定程度的相似性，即大多数采用都源自一个跳跃的非常简单级联，只有很小一部分的采纳与更长的级联有关，换句话说就是，只有很小一部分用户的采纳行为是受已有用户的影响；Aral 等（2009）以一个全球即时通信网络公司的 2.74 千万用户为研究对象，使用匹配样本估计模型对同侪影响和同质化进行区分，发现已有对同侪影响的测量将同侪影响对新产品扩散的影响作用夸大了 300% ~700%，反而是同质化的关联效应对新产品扩散的作用更大，解释了新产品扩散因素的 50% 以上；Godinho de Matos 等（2014）以 3G 手机为研究对象，同时考虑价格因素对个体采纳行为的影响，发现在手机扩散的前 11 个月中，因同侪影响而产生的新产品扩散仅为 14%，因而提出企业应改变通过赠送获取种子用户的营销策略。

第三种观点认为同侪影响对新产品扩散的作用有可能为负。Belo和Ferreira（2017）使用一家大型移动网络供应商提供的数据，通过采用两种不同的实证方法对同侪影响与新产品扩散的关系进行实证研究，结果发现同侪影响对新产品扩散也会表现出负向影响，并进一步指出对于IT类（信息技术产品），同侪影响对新产品扩散一般会呈现出负向影响，尤其是当新产品具有共享属性时，如果同侪采纳新产品，即使个体自己不采纳也能享受到该产品带来的利益。这一类产品通常具有“搭便车”的特征，尤其是社交网络的广泛应用以及社交功能与各种平台的融合更是助长了人们在使用这类产品时的“搭便车”行为，如百度账号，个体即便不注册、不使用该产品，也可以通过社交网络渠道突破时空的局限向其他好友求助获得所需要的资料。

三、研究评述

首先，现有文献不管是基于同侪影响的视角探究新产品扩散过程，还是论证同侪影响与新产品扩散关系，关注的都是已有采用者对潜在采用者的影响，潜在采用者通过模仿或学习已有采用者而采纳新产品，认为新产品扩散的关键是新产品信息在人际关系网络中的扩散和传播。事实上，个体进行新产品采纳决策的过程中不仅受已有采用者的影响，还会受到未采用者的影响。因为个体采纳新产品的过程不仅仅是为了从已采用者的同侪处获取关于新产品的各种信息从而获得对新产品的间接采纳经验或增加自己对新产品的了解和认知，进而帮助个体更好地规避风险或潜在的损失。作为一个社会人，个体采纳新产品的过程之所以会受到同侪影响还可能因为个体想借助新产品进行自我表达，让产品为自己代言，或者希望通过新产品来获取同侪的赞赏、认可或支持，尤其在社交网络情境下，个体基于感知的相似性与同侪进行交互，不仅交互对象广泛，而且同侪对个体的影响也是多方面的，由此对个体新产品采纳决策产生影响的同侪应该不局限于已采用者。

其次，现有文献基于同侪影响的视角探究新产品扩散过程时，往往将同侪影响作为一个整体变量，并未对同侪影响进行解剖。由此，现有研究得出的结论也是同侪影响的综合效应或整体效应。虽然有学者采用社会影响或参照群体影响理论对新产品扩散中的同侪影响进行研究，但是同侪影响与这两个理论无论是内容上还是产生过程上都是有所区别的。因此，为深入了解同侪影响对新产品扩散的作用过程，打开同侪影响作用于新产品扩散过程的“黑箱”，还需要进一步探究同侪影响的各维度对用户新产品采纳意愿的影响过程。

最后，现有研究结论存在分歧的主要原因在于随着信息技术的发展，新产品的类型也变得更加丰富，同侪影响对新产品扩散的作用也许存在一定的边界条件，对于不同类型的新产品，同侪影响对个体的新产品采纳意愿影响的程度也许不同。已有研究尚未对同侪影响作用于新产品扩散的具体方式进行具体而深入的探究，因此理论界和实践界难以知晓同侪影响的程度为什么会因产品类型变化而变化，以及影响程度发生变化的具体原因。社交网络情境下，同侪影响发生在社交互动的同侪之间，而同侪关系必然有远有近、有亲有疏，所以关系强度的不同也可能导致同侪影响对新产品扩散产生的作用不同，然而已有研究也并未考虑这一因素。

基于此，本书有必要对同侪影响的维度进行划分，以产品类型和关系强度为调节变量进一步探讨同侪影响各维度对新产品扩散的具体影响内容，从而更加深入了解同侪影响作用于新产品扩散的具体方式，洞悉同侪影响新产品扩散的边界条件。

社交网络情境下同侪影响与新产品扩散的关系研究

Chapter 3

第三章 同侪影响的内涵、产生机理与维度划分

本章的主要内容是结合社交网络情境在已有研究的基础上进一步明确同侪与同侪影响的概念，分析和提炼同侪影响的内涵，进而结合行为主义心理学和认知心理学的相关理论对同侪影响产生的内在机理进行深入剖析，并据此对同侪影响的维度进行划分。

第一节　同侪影响的内涵

尽管学术界对同侪影响的研究已触及各学科领域，然而同侪与同侪影响的概念在学术界尚未得到明确而统一的界定，对同侪影响内涵的理解也是仁者见仁智者见智，不同学科领域的学者往往采用不同的理论来诠释同侪影响。由此，本节主要结合社交网络情境对同侪与同侪影响的概念进行界定，在对现有文献分析的基础上提炼同侪影响的特征，并对相似概念进行辨析。

一、同侪的概念界定

“同侪”一词在国内最早出现在《左传·僖公二十三年》，指与自己在年龄、地位、兴趣等方面相近的平辈。同侪（peer）在英语中被解释为“equal match compeer”，指有同等地位的个体，包括同伴、同辈、地位相等的人。同侪比一般他人对个体的观点、行为具有更强的塑造和强化作用（Schmidt 和 Tyler，1975），因此同侪逐渐成了社会学、社会心理学、经济学等学科领域的研究主体，如社会学研究中的青少年群体（Brechwald 和 Prinstein，2011）、教育学研究中的学生群体（Glaeser 等，2003）。但各领域学者并未对同侪进行界定，直到 20 世纪 90 年代，Hallinan 和 William（1990）才首次对同侪进行了较为严格的界定，认为同侪关系首先是一种朋友关系，同侪间具有相似的个体特征（如家庭背景）或心理特征（如兴趣），彼此间更易做到相互沟通和理解，其中特别指出父母、老师通常被认为是建议给予者，且与个体的身份不同、关系不对等，所以与孩子、学生不属于同侪关系（Sijtsema 和 Lindenberg，2018）。该观点更强调同侪间具有客观的（显性的个体特征或心理特征）相似性，以及彼此间是一种权利、身份对等或平等的关系。

社交网络情境下，根据去个体化的社会认同理论（Hogg 等，2011），交互环境的虚拟性、无他人在场性使得个体显性、可见的个性化身份和人际差异变得模糊，而共享的社会身份被放大，由此个体不再去关注他人显性的个体特征，而是关注感知到的相似性（Lee，2006）。个体对他人相似性的感知是以与他人处于同一社交关系网络为基础的，否则将无从“感知”（Mangleburg 等，2004；Gillani，2012）。由于社交关系网络由个体依托社交网络建立的各种社交关系组成，彼此间可能认识，也可能不认识，加之社交网络相对于现实环境具有虚拟性的特征，所以社交网络情境下个体需要依靠感知对他人做出评价，因此“同侪”所包含的对象不再局限于客观上相似且平等的其他个体，而更多的是基于个体感知的相似性。据此，本书认为社交网络情境下，同侪指以相似性（既可以是客观上的，也可以是个体感知的）为基础，与个体关系平等或对等的其他个体，既可以是认识的，也可以是不认识的。而且同侪间都有一套能为他们自己理解和接受的语言，如俚语、表情包等，而这些语言可以不被非同侪个体所接受和理解（Okafor 和 Nnoli，2010），这也是同侪之间能够有效沟通和相互理解的重要原因。可见，随着交互情境的变化，“同侪”一词的侧重发生了改变，社交网络出现之前，同侪侧重于个体间客观上的相似性；社交网络情境下，由于个体交互并非直接面对面，同侪更侧重于感知的相似性，处于同一社交关系网络则是个体感知相似性发生的基础（McPherson 等，2001；Zhang 等，2018）。

二、同侪影响的概念界定

对同侪影响的研究最早可追溯到儿童发展心理学领域的学者Bühler和Anderson（1931）对儿童社会行为中的同侪关系的探究，同伴也即同侪被视为儿童成长发展和社会行为形成的重要影响者，这说明同侪影响对个体的行为塑造起着尤为关键的作用。社会学领域的学者Alexander和Campbell（1964）在研究中首次提出了“同侪影响”一词，但并未对它进行解释或界定。Cohen（1977）、Kandel（1978）等学者在对学生群体进行研究时沿用了“同侪影响”一词并对其进行初步解释与阐述，且两位学者在没有相互参考和交流的情况下几乎同时发现同侪影响是作用于选择和社会化两个阶段并产生趋同结果的一种社会现象。该定义事实上是这两位学者对客观社会现象的归纳，被社会学领域的学者沿用至今。但此概念受学科视角局限，忽略了参与主体之间的相互作用。因此，以社会心理学科为主导的其他学科的学者Hallian等（1990）、Delay等（2016）鉴于同侪影响虽是一种常见的社会现象，但产生过程本质上是个体间相互作用的一种社会心理过程，据此将同侪影响界定为一种社会过程，在该过程中，同侪间的相互作用导致个体的态度、观点或行为发生改变，进而产生趋同结果。

随着Web 2.0技术的发展，社交网络不仅为个体提供了展示自我，与他人联系、互动的平台，而且成为社交关系的载体，这种以社交网络为依托，以社交关系为纽带的多个个体的联系便组成了社交关系网络（Lewis等，2012；Ding等，2018）。可见，不同于由稳定的社会关系构成的社会关系网络，社交关系网络是由依托社交网络建立的各种社交关系构成的，而且现实中的社会关系网络仅构成了社交关系网络的一部分（邓乔茜等，2015）。因此，基于社交关系网络的个体可以更加广泛、更加持续、更加容易地观察到同侪的情绪、观点或行为改变（Leonardi，2015），进而影响个体的思考和行动（Lee，2006），并带来自身观点或行为的改变。此外，社交网络还使得传统情境下不可见的个体情绪、观点或行为能够直接地被更多不曾相识的同侪观察和了解（Zhang 等，2018）。如 Lee（2012）研究发现用户创建的评论之所以重要，是因为它们可以直接影响认识或不认识的阅读者对于社会舆论的感知；Liang 和 Shen（2018）认为社交网络个体的活动模式可以为更多的认识或不认识的同侪所了解，进而达到同一社交关系网络中的个体的活动模式高度趋同的结果。基于此，本书在已有概念界定的基础上，认为社交网络情境下的同侪影响指相似个体（客观上相似或感知上彼此相似的个体）也即同侪，在社交关系网络中的接触或社交互动，导致个体观点、态度或行为等发生改变的社会心理过程。

两种情境下的同侪影响区别在于以下几点。第一，传统情境下的同侪影响通常发生在社会关系网络中，如由兄弟姐妹、同学、朋友等构成的社会关系网络，社会关系网络一旦形成，一般是静态不变的；相反，社交关系网络具有一定的动态性，可以随时建立或解除。第二，由于社会关系网络由稳定的社会关系构成，同侪间的信任度相对较高，彼此间产生的作用力也相对较大；而社交关系网络依托社交网络建立，同侪间可能认识，也可能未曾相识，彼此间的信任度相对较低，因此彼此间的相互作用力相对较小。第三，在稳定的社会关系网络中，同侪间的相似性相对较高，因此个体改变的空间相对较小；而在动态的社交关系网络中，同侪间的相似性相对较低，因此个体改变的空间相对较大。第四，社交网络情境下的同侪影响作用范围更广泛，因为借助社交网络，个体可以在任何时间和任何地方的同侪进行联系、互动，这在一定程度上解释了“社交网络上的同质化已成为人类生活中最令人震惊的规律”（Lewis 等，2012）的客观现象。

三、同侪影响的特征

同侪影响作为一个独立的术语，有着区别于其他相似概念的特征。Glaeser 等（2003）首次提出同侪影响的重要特征——社会乘数效应（the social multiplier effect），而且该特征在教育学背景下被反复验证。所谓社会乘数即总体层面产生的总系数与个体层面产生的系数之比，如用教师薪酬对学费进行回归，州层面的总系数会是个体层面系数的数倍。或者说同侪影响使得个体态度、行为等能够在同侪个体间进行扩散或呈倍数放大，也即个体态度、行为等的变化会导致社会范围内更多的同侪个体发生相应的态度、行为变化，进而带来社会层面的改变。

这一效应事实上和 Schmid 和 Tyler（1975）发现的同侪影响所具有的扩散效应（diffusion effect）较为相似。Schmid 和 Tyler 采用实验的方法研究了同侪对学生吹口哨、交头接耳等违反课堂纪律行为的影响，发现当违反课堂纪律的行为不被同学关注或回应时，某个体违反课堂纪律的次数明显下降，在学生之间的交互作用下，其他学生违反课堂纪律的次数也有所下降，最终导致班级内违反课堂纪律的平均次数下降到最低水平。而且两位学者还发现，当在班内公开指定一特定对象（其违反课堂纪律的次数高于班内平均水平）时，同样在违反课堂纪律的行为不被同学关注或回应的条件下，虽然因为扩散效应的存在，在该学生违反课堂纪律的次数下降的同时其他学生违反课堂纪律的次数也有所下降，但平均下降程度却低于未指定对象班级的平均下降程度。相较而言，指定对象的班级中被指定学生违反课堂纪律的次数下降程度是最高的，并且高于未指定对象班级的下降程度，指定对象的班级内其他学生的下降程度最低。这一现象被 Schmid 和 Tyler 称为点名效应（the pinpointing effect），即当个体被公开点名时，该个体会感觉更多的同学在关注自己，迫于同侪压力，其会倾向于减少自己违反课堂纪律的行为，而且其改变程度高于扩散效应；未被点名的个体其行为改变程度较低，且低于扩散效应。

由此，同侪影响具有基于模仿、学习产生的社会乘数效应（或扩散效应）和基于同侪压力产生的点名效应两个显著特征。其中，点名效应呈现出两极分化现象，被点名者的行为改变程度最大，而未被点名的个体其行为改变程度相对较小；社会乘数效应（或扩散效应）将导致社会层面的整体变化；同时点名效应侧重于影响的深度，社会乘数效应侧重于影响的广度。

四、相似概念辨析

现有涉及个体间相互影响的相关研究基本依据社会影响、参照群体的相关理论基础，如 Mangleburg 等（2004）。但同侪影响与它们事实上是有区别的，并不能替代使用，故本书对相似概念进行辨析以使同侪影响的概念更加清晰和明确。

（一）同侪影响与社会影响辨析

依据社会心理学学者 Latané 和 Nida（1981）的定义，社会影响（social influence）指“因受到某一特定社会环境中的他人在场和他人行为的影响，个体在心理状态和主观感受、动机和情绪、认知和信念、价值观和行为等方面发生的改变，他人在场和他人的行为可能是真实的，也可能是暗示的或想象的”。社会影响包括内生效应（endogenous effects）、外生效应（exogenous effects）和关联效应（correlated effects）（Manski，1993）。其中，内生效应指个体的行为倾向随群体行为的变化而变化，外生效应指个体的行为倾向随群体外部特征（如社会经济因素、文化因素等）的变化而变化，关联效应指群体成员表现出相似的行为倾向源于他们拥有相似的个体特征或面临相似的制度环境。社会影响与同侪影响的概念貌似相同，事实上存在区别。首先社会影响产生于社会群体中，发生在某一特定的社会环境中，而同侪影响产生于相似他人之间。社会群体由两个或两个以上的个体组成，他们具有共享的社会认同（如信念、价值观等），群体具有内聚力，内聚力作用于群体成员，使其留在群体中（Hogg 等，2011）；同侪是基于彼此间所具有的相似性而形成的，同侪之间并不一定具有内聚力，个体间发展为同侪关系是由于他们之间存在客观上或主观上的相似性，所以同侪关系并不一定是群体成员关系，只有以相似性及彼此平等或关系对等为基础的群体成员关系才是同侪关系。第二社会影响的内生效应是群体内成员相互作用带来的，群体成员可以是同侪关系也可以不是同侪关系，非同侪关系群体内成员产生的社会影响并不是同侪影响，因为同侪影响作用于相似他人即同侪。但当群体成员关系同时又是同侪关系时，成员间的相互作用、相互影响既可以是社会影响中的内生效应也可以是同侪影响。所以社会影响与同侪影响有所交叉但并不完全重合。第三，关联效应由个体间相似性引起，它虽然也产生于相似的个体间，但个体之间并没有互动的影响过程，而是自身内在的性格或个体特征影响导致相似个体不约而同地做出了相似的行为等，这一现象恰是同侪影响所解释不了的。不但如此，对于社会影响的外生效应，同侪影响同样解释不了，因为外生效应由文化、社会经济等群体的外部特征带来，它强调个体与环境的相互作用，而非个体之间的相互作用。最后，虽然同侪影响不具有外生效应和关联效应，然而它的应用范围依然广泛，因为一切相似个体之间的相互作用带来的个体态度或行为等的改变都可以用同侪影响解释，尤其在社交网络情境下，依托社交网络进行社交互动的个体间的关系并不都是群体成员关系，如很多兴趣群、虚拟社区等并不具有内在的凝聚力，因此用社会影响解释社交网络情境下群体之外的个体交互和相互作用对个体带来的影响并不恰当。

（二）同侪影响与参照群体影响辨析

社会心理学中的参照群体指与个体的看法、愿望和行为有着显著关联的实际的或想象中的个体或群体（Park 和 Lessig，1977），分为成员群体和非成员群体（Hawkins 等，2016）。成员群体是指个体是其成员的群体，包括首要群体（primary groups，如朋友、家人等，联系较强）和次要群体（secondary groups，如职场或邻里关系，联系较弱）；非成员群体包括渴望群体（aspiration reference groups，指个体想要成为其成员的非成员群体）、规避群体（dissociative reference groups，指个体想与之完全划清界限的非成员群体）和中性群体（neutral reference groups，指个体既不渴望成为该群体的成员，也不是一定要与该群体划清界限的非成员群体）。

参照群体影响与同侪影响的相同之处在于，参照群体和同侪都可以被当作个体思考和行动的参照对象，从而对个体产生影响。二者的不同之处在于：首先，对于成员群体，参照群体不仅可以是与个体具有相似性且彼此平等或关系对等的朋友、兄弟姐妹即同侪，还可以是彼此关系不对等的非同侪（如父母等长辈）。第二，从影响的结果来看，根据前文分析，同侪影响的结果是趋同；而参照群体影响的结果未必是趋同；当参照群体类型为成员群体和渴望群体时，影响结果表现为趋同；当参照群体类型为规避群体时，影响的结果却是个体与规避群体的观点、行为等相悖的方向。第三，从影响的方向来看，参照群体是参照群体对焦点个体（参照他人进行思考或行为的个体）的影响，是一种单向影响，并不产生社会乘数效应；同侪影响是同侪间的相互作用引起的，在同侪对个体产生影响的同时，个体也可能对同侪产生影响，因此影响的方向可以是单向，也可以是双向或多向。第四，参照群体影响是个体理性思考或行为导致的，具体体现为个体对有关参照群体信息的内部化、对参照群体的顺从或认同（贾鹤等，2008），从而消除不确定性、缓解群体压力或达成自我实现与满足；同侪影响既可以是个体理性的思考或行为结果，也可能是在与同侪的交互中因个体的“易受暗示性”而被潜移默化。最后，在社交网络情境下，虚拟社区、在线评论区等依托社交网络建立的群组或社区是否属于参照群体事实上还有待进一步深究（Leal 等，2014），但社交网络情境下同侪影响的普遍存在性已被实证检验（Bapna 和 Umyarov，2015），而且根据前文分析，虚拟社区、在线评论区等成员之间的交互产生的影响很多是同侪影响，也即在社交网络情境下同侪影响较参照群体影响更具解释力。

第二节 同侪影响的产生过程

本节试图根据 Kandel（1978）提出的趋同理论、Caspi（1993）和 Urberg 等（2003）提出的两阶段理论以及 Ding 等（2018）提出的三阶段协同演化模型，对同侪影响的产生过程进行系统的阐述。

一、趋同理论

Kandel（1978）探究朋友对青少年吸毒、学业期望、政治倾向、离经叛道四种观点或行为的影响，发现同侪影响是由选择或社会化两个阶段导致的个体间观点或行为趋同的过程，在此基础上提炼并归纳得出趋同理论（homophily theory）。该理论认为个体既是被影响者又是影响者，选择阶段是个体基于相似性进行同类匹配即选择交互对象的过程，社会化阶段是同侪在持续的社交互动中相互作用、相互影响进而使彼此间观点或行为趋同的过程。同侪间的趋同结果则由选择和社会化两个阶段中的至少一个阶段引起，即趋同结果既可以由选择阶段产生，也可以由社会化阶段产生，还可以是选择和社会化两个阶段共同作用的结果。其中，选择阶段产生趋同结果的原因在于个体倾向于选择与自己较为相似的个体作为交互对象，这也即所谓的“个体因相似而相互吸引，相似的人们更易成为朋友”（Myers 等，2016）。但相似的个体间产生的趋同结果并不一定是由彼此间的相互作用或影响引起，也可能是他们相似的性格或个体特征使然。社会化阶段产生的趋同结果源于个体在社会交互过程中，其态度、观点或行为等随时间变化而变得越来越相似（Brechwald 和 Prinstein，2011），也就是说在社会化阶段，个体间态度、观点或行为的趋同结果是由个体之间的相互作用和影响引起的，而与影响发生前个体间是否相似无关，或者说社会化阶段产生的趋同结果未必是同侪之间相互作用和影响的结果。也可能是非同侪个体间相互作用和影响的结果。选择和社会化两阶段共同作用产生的趋同结果，则是个体基于相似性进行同类匹配，即选择同侪为交互对象，进而在社交互动的过程中相互作用、相互影响，随时间推移同侪在态度、行为等方面变得更加相似，并最终趋同。据此，趋同理论下的同侪影响产生过程见图 3－1。另一位学者 Cohen（1977）用不同的方法也得出了与 Kandel 几乎相同的结论，但这两位学者彼此之间并未进行任何交流或参考。可见，趋同理论具有一定的稳健性，这也是趋同理论被很多学者用于研究青少年问题中有关同侪影响话题的重要原因之一。

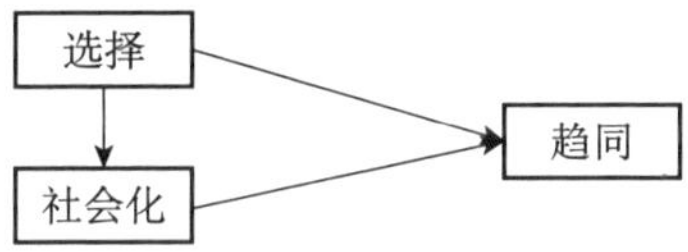

图 3－1　趋同理论

资料来源：作者整理。

二、两阶段理论

结合前文的概念辨析，仅由选择阶段引起的趋同结果属于社会影响中的关联效应，因为选择阶段是个体基于相似性进行同类匹配的过程，同侪间尚未产生相互作用、相互影响，趋同是同侪相似的性格和个体特征作用的结果。仅由社会化阶段引起的趋同结果也未必一定是同侪影响，因为当交互对象为一般他人而非同侪时，如父母、老师等，此时影响的类型可能是参照群体影响；当个体与社会环境相互作用，如当个体在特定的社会环境中学习该环境内的规范、文化等时，个体也同时对所在的社会环境产生影响，使得个体与该社会环境中的他人在观点、行为等方面表现得越来越相似，此时影响的类型属于社会影响的外生效应。可见，仅由社会化阶段产生的趋同结果并非完全由同侪影响产生。同侪影响更加强调同侪之间的相互作用、相互影响，因此只有在由个体和同侪组成的同侪圈内进行的社会化才能称为同侪影响，所以趋同理论对同侪影响产生过程的解释尚不够严谨。基于此，Caspi（1993）进一步提出了两阶段理论。该理论指出同侪影响不但是选择和社会化两阶段同时存在的过程，还是一个两阶段相互补充和相互作用的动态过程。在选择阶段，个体不但会结交与他们相似的朋友，还会结交与他们的老朋友相似的新朋友。进入社会化阶段后，随着时间推移，新朋友变成老朋友，即新的交互对象变成其稳定的社会关系网络中的一部分，同时个体的态度、观点或行为等也因其与新的交互对象的相互作用而发生了改变。所以，同侪影响既是一个动态变化的选择和社会化两阶段循环上演的社会过程，也是一个两阶段相互影响、不断自我更新的持续过程（Urberg 等，2003）。这正是同侪影响具有社会乘数效应的根本原因。

这一理论在 Urberg 等（2003）对青少年吸烟和酗酒行为的研究中得到了验证。Urberg 等进一步发现，社会化阶段发生的必要条件是同侪个体在相互作用过程中，彼此对同侪态度、观点或行为的接受和遵从（见图 3－2），也就是说个体在与同侪的社交互动过程中可以接受同侪的影响，也可以不接受，而只有个体接受同侪的影响，使自己的观点、态度或行为发生改变，或者在同侪的影响下，个体已有的观点、态度或行为等得以强化，才意味着社会化阶段完成。进而，两阶段相互作用、循环往复，最终产生同侪间态度、观点或行为等的趋同结果。此外，由于同侪与个体在某一维度相似而并非完全相同，所以正是同侪间相似性之外的差异提供了个体改变的机会，且差异越大，改变越多，而相似性越多，彼此间产生的相互作用力越大（Urberg 等，2003）。

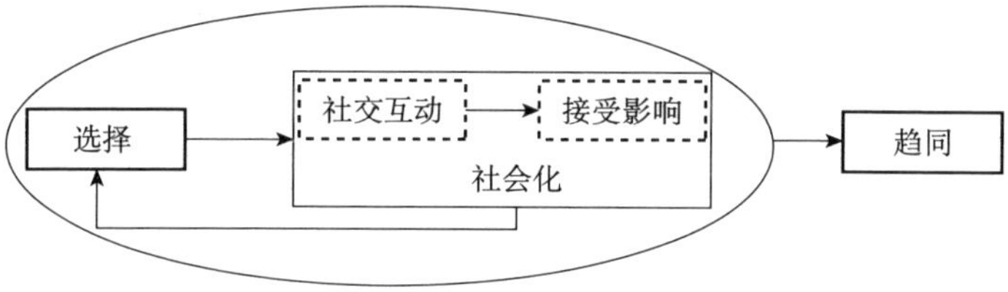

图 3-2　两阶段理论

资料来源：作者整理。

三、三阶段协同演化模型

以上理论对同侪影响产生过程的阐述都是基于非社交网络情境，影响与被影响的对象都仅限于身边的或认识的同侪。而社交网络情境下个体可交互的对象既有认识的也有未曾相识的，对于交互对象，个体是依托社交关系网络基于感知到的相似性来选择的。可以说，社交网络情境下个体与他人建立联系的实质就是社交互动，同一社交关系网络中的成员本就属于同一社交圈（social circle）。由于社交圈通常由个体和其同侪组成（Mangleburg 等，2004），所以同一社交关系网络中的成员在感知相似性的前提下彼此间便构成了一种同侪关系。而且由于社交网络情境下，交互对象往往是个体主动选择或自愿接收的，所以个体基于感知相似性选择交互对象的过程也预示着个体与同侪建立社交关系进而形成社交关系网络。

基于此，Ding 等（2018）结合社交网络情境对两阶段理论进行了拓展，提出三阶段协同演化模型。该理论考虑了社交网络用户行为的网络关系依赖性，以及社交关系网络形成相对于社会化阶段的前提性，在两阶段理论的基础上增加共享的社交关系网络建立阶段，构建了由选择、社交关系网络建立和社会化三个阶段组成的三阶段协同演化模型。其中，阶段 1 是个体基于感知相似性进行同类匹配的选择过程；阶段 2 是以阶段 1 为前提，个体与所选同侪建立社交关系，从而形成社交关系网络的过程；阶段 3 是在阶段 1 和阶段 2 发生的基础上，同一社交关系网络内的成员相互作用、相互影响，从而使彼此间的观点、行为等发生改变的社会化阶段；最后，阶段 3 反过来影响阶段 1，即个体在某一社交关系网络内被社会化后，其观点、行为将发生改变，这进一步影响其对新的同侪交互对象的选择，进而使得已有的社交关系网络发生变化，或新的社交关系网络重新建立，从而使得个体被再次社会化（见图 3 –3）。而且，三阶段中任一阶段的改变都将引起另外两个阶段的改变，或者说任一阶段发生变化，都将打破三阶段之间原有的平衡状态，并在三阶段的协同作用下再次达到新的平衡。因此，三个阶段是一个循环往复、协同作用、不断演化的社会过程，并且在三阶段的协同演化作用下，个体与同侪间逐渐达到彼此间态度、观点等方面较为相似的趋同结果。

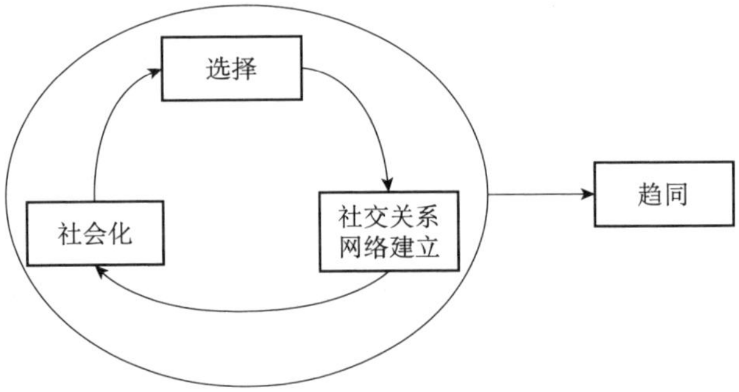

图 3 –3　三阶段协同演化模型

资料来源：作者整理。

第三节　同侪影响产生机理的理论框架与维度划分

以上理论从现象上揭示了同侪影响产生的过程，但忽略了对同侪影响产生的个体微观社会心理过程的深入剖析。为了更加清晰地了解同侪影响产生的内在机理，洞悉同侪影响产生的社会心理过程，本节在同侪影响产生过程的基础上，结合心理学的相关理论，推演出基于社交网络的同侪影响产生机理的理论框架，并据此对同侪影响产生的维度进行划分。

一、同侪影响产生机理的理论框架

社会心理学的主要观点之一“我们的直觉很强大但有时也很危险”（Myers 等，2016），揭示了人们依赖自己的经验或知识在未加思考、无意识的状态下做出的决策或产生的行为等通常是准确的，然而这种直觉有时也会产生错误甚至危险的结果，因此人们不但会依赖直觉，还会借助深思熟虑的、有意识的分析思考进行决策。这也是认知心理学著名的双重加工过程模型所阐述的内容，即个体思维有一部分是受控制加工，一部分是自动化加工。该学科使用信息加工过程理论解释人的复杂行为，认为人是一个信息加工系统，人的一切行为都是其对信息进行加工处理的结果。从这一学科视角出发，同侪影响也应该是个体对同侪间的相互作用进行加工处理的过程。在这一过程中，受控制加工使个体有目的地选择同侪，并在深思熟虑的状态下被社会化，自动化加工使个体于无意识中被潜移默化。进一步结合行为主义学派的观点，不管同侪影响导致的趋同是个体思维受控制加工处理的结果抑或个体思维自动化加工处理的结果，根源上都是个体对外部刺激所做出的反应。由此，本书结合双重加工过程模型、刺激—（有机体）—反应模型，分别从认知心理学视角和行为主义视角对同侪影响产生的内在机理进行探究，试图打开同侪影响产生过程背后的“黑箱”，从而对同侪影响有更为深刻的理解。

（一）认知心理学视角

17 世纪的哲学家、数理学家帕斯卡尔曾指出：“心灵的活动有其自身的原因，而理性却无法知晓。”这也正是心理科学所揭示的内容，即思维是在两个水平上运作的：一个是有意识的、深思熟虑的，另一个是无意识的、自动的。这也构成了“双重加工过程模型”的核心思想。“双重加工过程模型”的两个较著名的理论分别是社会心理学家 Petty 和 Cacioppo（1986）提出的“精细加工模型”（Elaboration likelihood model，简称 ELM）和心理学家、诺贝尔奖获得者 Kahneman 提出的“双系统模型”（Thinking，fast and slow）（Kahneman 等，2011）。

其中，ELM 以“认知反应”的方式帮助我们理解某些情境下个体态度改变的心智“双加工”过程，即“中心路径”和“外周路径”两个过程。当人们积极主动而且能全面系统地思考问题时，借助“中心路径”产生认知反应；当人们对外部刺激心不在焉或者根本没有时间推敲和思考时，通常借助于“外周路径”做出认知反应。前者通过“引人思考才能产生强大影响”，后者则通过把态度目标和即刻的情绪反应反复关联而实现（Petty 和 Brinol，2008）。虽然 ELM 从认知心理学的视角阐述了“双重加工”过程在认知层面的作用路径、各自的特点以及二者的区别，然而并未对两种路径作用的深层原因及二者的关系进行剖析。Kahneman 的“双系统模型”在探究大脑工作机制的基础上，进一步揭示了双加工过程背后的思维形式以及两个过程之间的关系。正如哈佛大学心理学家史蒂文·平克所评价的，“双系统模型”揭示了人类思维的许多显著特征（Kahneman 等，2011）。

根据双系统模型，人类的思维包括直觉思维（系统 1）和分析思维（系统 2）两种形式（Kahneman 等，2011）。系统 1 依赖情感、记忆和经验迅速做出判断，并使我们对眼前的情况迅速做出反应，在系统 1 的支配下，思维是在没有觉察的、无意识状态下，自动化加工的；系统 2 通过调动注意力来分析和解决问题，进而做出决定，并且还能起到持续自我监督的作用，在系统 2 的支配下，思维是在有意识和谨慎的状态下，受控制加工的。可见，“外周路径”背后是由自动化加工的思维推动的，加工过程由系统 1 支配；“中心路径”的背后则由受控制加工的思维推动，加工过程由系统 2 支配。双系统模型还进一步揭示系统 1 和系统 2 并非独立工作，而是分工协作的关系：系统 1 是自主而初始的印象和感觉，这为系统 2 提供了深思熟虑和决策的依据；系统 2 的信念准确地反映了系统 1 产生的印象，因为系统 1 为系统 2 提供的印象、感觉等信息被后者接收后转变为个体的信念，在此基础上再将个体的冲动或无意识反应转化为理性的自主行为。

因此，结合双重加工过程模型，在与同侪的相互作用过程中，个体思维也应该在两个水平上运作。由此，同侪影响产生的路径事实上有两条：一条路径是个体思维受控制加工路径，该路径同时包括选择阶段、社交关系网络建立阶段和社会化阶段，是个体有意识地受同侪影响的过程，主要由系统 2 支配，个体观点、行为等发生改变是个体通过“中心路径”产生的认知反应结果；另一条路径是个体思维自动化加工路径，该路径包括社交关系网络建立阶段和社会化阶段，因为社交关系网络的建立为个体在社交网络情境下受同侪影响创造了机会，该路径主要由系统 1 支配，个体观点、行为等改变是个体通过“外周路径”产生的认知反应结果。所以，同侪影响既是个体有意识地被同侪影响的过程，也是个体在无意识中被潜移默化的过程。这表明同侪间的趋同并不完全是个体不假思索地人云亦云或盲目跟风。并且根据该“双重加工过程模型”，同侪影响的发生既是个体的思维在两个水平上独立作用的结果，也是思维在两个水平上协作的结果。一方面，由系统 1 和“外周路径”主导的过程将有关同侪的信息等转化为初始的印象和感觉等直觉信息，为系统 2 和“中心路径”提供深思熟虑和决策的依据；另一方面，由系统 2 主导的“中心路径”的加工处理结果即个体观点或行为等的改变准确地反映了系统 1 和外周路径产生的印象，即外显行为反映了内隐态度。

但不管哪条路径，同侪影响均发生在一定的社会环境中（Urberg 等，2003）。在社交网络情境下，对于思维受控制加工的路径，个体选择同侪的同时也意味着他选择了某一特定的社交关系网络，这为同侪影响的发生提供了可能性；对于自动化加工的路径，只有在依托社交网络建立的社交关系网络中，个体才能被同侪潜移默化，从而实现社会化。由此，同侪影响的发生离不开特定的社交关系网络，或者说同侪影响最终要在社交关系网络中形成，这也解释了社交网络情境下，人类行为既呈现出高度的同质化，同时又表现出高度的个性化这一看似矛盾的社会现象（曾伏娥等，2011），因为不同的同侪组成了不同的社交关系网络，不同的社交关系网络下同侪影响的结果也有所区别。

尽管我们已从思维层面揭示了同侪影响产生的两条路径，然而对于两条路径产生的具体内容如前因等尚不清楚，还需进行更加深入的剖析。鉴于行为主义学提出“个体的一切情绪、观点或行为表现都是其对刺激的反应”，本书进一步从行为主义层面对同侪影响产生的内在机理展开更加深入和详细的探究。

（二）行为主义心理学视角

刺激—反应模型（Stimuli-Response，简称 S-R 模型）由行为主义学派的开创者 Watson 提出，Watson 主张以可观察的事实如情绪、态度、行为等为研究内容，反对以难以确定的意识为研究内容，并结合其早年的生物学背景，以条件反射和非条件反射原理为基础，提出了经典的 S-R 模型。基于该模型，个体的一切表现（情绪、观点或行为）都是其对内、外部刺激所做出的反应，因此 Watson 等行为主义学者主张“外周路径”（Watson，1925）。与 Watson 同时代的心理学家 Woodworth 反对机械的 S-R 模式，他指出心理学家不应该把他们的研究局限于刺激的输入和运动反应的输出上，而应该思考输入如何才能产生输出，即个体做出反应的驱动力是什么。据此，他引入有机体（Organism，简化为 O），将公式 S-R 修正为 S-O-R（Stimuli-Organism-Response）。受 Woodworth 的影响，Hull 等新行为主义学者对行为主义心理学进行了重新审视和反思，发现 Watson 将个体的目的和认知排除在外是一个严重错误，S-R 理论忽视了人的主观能动性，忽视了人的行为动机，对个体行为的理解过于简单，并进一步指出刺激能激发反应，但并不导致反应，促使个体做出反应的应该是需求、动机等内驱力（霍瑟萨尔等，2011）。因此，新行为主义学者更主张“中心路径”。由此，S-O-R 模型为解释和洞悉同侪影响产生的思维受控制加工路径提供了理论基础，而 S-R 模型则为理解和剖析同侪影响产生的思维自动化加工路径提供了理论支持。

首先，就思维受控制加工路径而言，一些学者在使用参照群体影响理论和社会影响理论解释同侪影响时，将同侪影响产生的趋同结果归因为不确定性及同侪压力两个来源（Hogg 等，2011）。其一，不确定性可以是客观存在不确定性，也可以是个体对自身的信念或观点等的客观有效性缺乏信心而导致的主观上的不确定性。根据不确定性减少理论（Berger 和 Calabrese，1974），不确定性引起个体的信息动机，因为获取充分的信息有助于个体达到心理上的相对确定感，而同侪为其提供了进行社会现实检验的依据（Hogg 等，2011）。并且 Turner 等（2011）认为任何有可能增加个体主客观不确定性的因素都会增加个体受来自他人的信息影响的程度。其二，同侪压力存在于同侪圈中，个体间的相互作用被个体经主观认知加工后转化为个体感知到的无形压力。根据社会认同理论（Tajfel，1974），被同侪接纳和认同是个体克服或缓解同侪压力的必然选择（Hogg 等，2011）。亚里士多德很早就发现，人是社会性动物，有着根深蒂固的归属需求（Myers 等，2016），个体所固有的这种需求进一步转化为被他人接受和认同的动机，就如 Williams 等（2011）研究发现，即使在虚拟的社交网络中，被一个永远不可能见面的人拒绝，也会引起个体的挫折感。

此外，还有学者认为个体与同侪在观点或行为上的趋同还可以由个体对群体价值观和群体规范的内化引起（Park 和 Lessig，1977；Bearden 和 Etzel，1982）。然而同侪圈并不是真正意义上具有内聚力的群体，它仅是一类在某些维度上同质化的个体的集合，尚且谈不上个体对群体价值观或群体规范的内化。就此方面而言，个体表达与同侪一致的观点或表现出与同侪一致的行为，事实上是个体实现对“理想自我”（我想成为谁）的追求、保持与“现实自我”（我是谁）的一致性的需要（Burnkrant 和 Cousineau，1975）。“现实自我”由同侪圈赋予，是个体对相似他人和“现实自我”进行归类的结果（Granovetter，1973）；“理想自我”则由符合理想自我类型原型（如典范、榜样）的同侪塑造，是个体将符合“理想自我”的相似他人与自身进行归类的结果。而个体更好地认识“现实自我”和“理想自我”的必要途径是自我归类和比较。根据社会比较理论（Festinger，1954），个体间主、客观上的相似性为个体提供了自我归类的标准和依据，并且只有根植于相似性之中，比较才具有价值和意义（Turner 等，2011），因为根植于一种共识的“我们”的感知比根植于另一种共识的“他们”的感知更合适、更正确（Hogg 等，2011）。这实质上是社会心理学者 Kelly 所提出的比较影响的内容（Turner 等，2011），而且比较由个体基于彼此间的相似性所激发的比较和自我评价动机所驱动（Brechwald 和 Prinstein，2011）。

基于此，同侪影响产生的诱因包括客观上的不确定性、相似性以及主观上的不确定性、相似性和同侪压力，结合 S-O-R 模型，这些诱因实质上是对个体产生刺激作用的刺激因素（S），可以是外部的（如客观的），也可以是内部的（如主观的）。在这些刺激因素的作用下，个体经过自身的认知加工过程产生信息动机、被接纳和认同动机以及比较和自我评价动机（O），并在动机的驱使下有目的地选择交互对象，建立社交关系网络，从而使得个体与同侪的社交互动成为可能，由此同侪影响进入第三阶段即社会化阶段，所以社交互动的开始标志着社交关系网络建立已完成，社会化阶段开始。结合两阶段理论，在社会化阶段，个体并不会因社交互动的发生而无条件地接受同侪的影响（Hallinan 和 William，1990），只有同侪间在社交互动的过程中建立起信任关系，个体才会发自内心地、主动地接受、认同同侪的观点或行为等，进而使自身的观点等发生改变或被进一步强化，最终产生趋同的结果（Nejad 等，2014）。这说明信任是个体观点或行为等发生改变的前提和必要条件，社会化阶段包括社交互动、信任和个体观点或行为等发生改变三部分。根据 S-O-R 模型，个体选择交互对象、建立社交关系网络及社会化三个阶段是个体在动机（O）的驱使下所做的反应（R）。整个过程则体现了同侪影响是个体理性思考或行为的社会心理过程，或者说是个体思维受控制加工的信息处理过程。

第二，就思维自动化加工的路径而言，根据社会传染理论（Penrose，1951），情绪、观点和行为具有内在的传染性（contagion），传染是个体在无意识的基础上接受的影响，传染的基础是个体在无意识层面上运作的“易受暗示性”。易受暗示性由无知决定，而无知有两个起因：一是有智识的人被刺激以至于智识不再发挥作用；二是无知部分由与生俱来的因素决定，这些因素可能是化学上的，也可能是结构上的（Kermack 和 McKendrick，1927）。以社会传染理论为基础构建的传染模型（Granovetter，1978）、阈值模型、级联模型（Goldenberg 等，2001）等较为直观地揭示了社会传染理论的主要途径是接触传染，包括直接接触和间接接触。

结合 S-R 模型，在同一社交关系网络中，同侪存在本身就是一种刺激源：在直接接触过程中，同侪的情绪、观点、行为能够被个体直接观察，从而对个体产生刺激作用；在间接接触过程中，同侪的情绪、观点或行为以信息的形式曝光于个体，从而对个体产生刺激作用。根据社会传染理论，传染的内容可以是观点或行为，也可以是情绪，更为重要的是同一社交关系网络为个体观点、行为或情绪等在同侪间的传播提供了场域；而且由于在社交网络情境下个体可交互的对象更加广泛，人际交互已突破时间和空间的限制，同一社交关系网络中个体的观点、行为或情绪等能够更加明显、快速且广泛地传染给同侪。可以说社交网络促进了个体观点、行为或情绪等在人际间特别是同侪间的扩散和传染（李宏和刘菲菲，2018），但观点或行为的传染机制是有别于情绪传染的：一方面，同侪观点或行为在直接接触中被个体于无意识中转化为自身的直觉信息，或者有关同侪的观点或行为等信息在间接接触中被个体自动且无意识地同步到自身的认知体系中，成为直觉信息的一部分，进而在系统一的支配下，个体被潜移默化，自身的观点、行为等发生变化；另一方面，不同于观点或行为的传染，情绪传染源于人类本能的对他人情绪的感同身受（McDougall，1921），而且情绪反应通常是即刻的，因为在刺激以信息的形式传送到脑区的感觉交换台之前已表现出来（Myers 等，2016；Ledoux，2002），而此时在直接或间接的接触过程中，同侪的情绪事实上是作为调动系统一工作的启动线索而存在的（Kahneman 等，2011），因为每一种特定的情绪都蕴含在身体结构中（Watson，1925）。

由此，在个体思维自动化加工路径下，同侪作为一种刺激源，直接或间接接触构成了个体反应的刺激因素（S），此时个体在无意识中做出的反应（R）不但可以是观点或行为的变化，还可以是情绪的变化。而且，在这一路径下，同侪影响发生在社交关系网络建立和社会化两个阶段，因为在社交网络情境下，社交关系网络把不同空间的同侪联系在了一起，从而为同侪创造了直接接触或间接接触的机会，进而使得个体在与同侪的接触中于无意识中被影响，个体情绪、观点等发生改变，因此个体思维自动化加工的路径是社交关系网络建立和社会化阶段共同作用的结果。可见，思维自动化加工路径从同侪影响产生的前因到结果都有别于思维受控制加工的路径。而且在思维自动化加工路径下，个体的态度、观点、情绪等的变化并不是个体深思熟虑的结果，而是源于个体由“无知”决定的“易受暗示性”，或者说是社会传染的结果。但不管是个体思维受控制加工的理性行为，还是个体思维自动化加工的非理性、盲目行为，同侪影响的结果都表现为“近朱者赤，近墨者黑”的趋同现象。

（三）理论框架

基于以上分析，同侪影响产生机理的理论框架见图3－4。

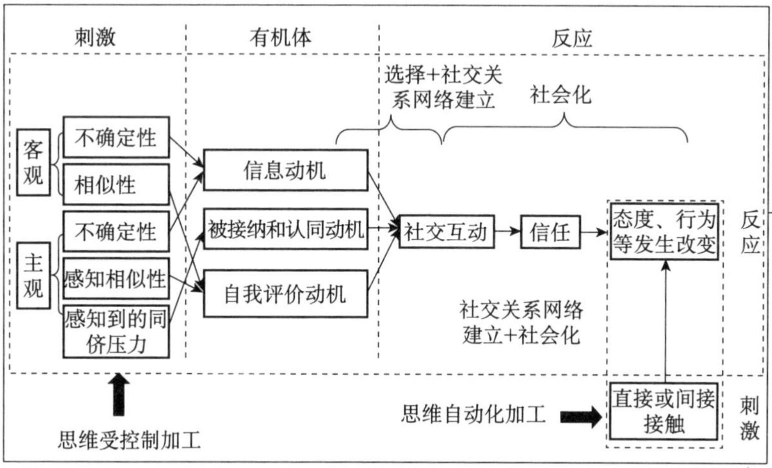

图3－4 同侪影响产生机理的理论框架

资料来源：作者整理。

二、同侪影响的维度划分

根据同侪影响产生机理的理论框架，同侪影响产生的路径包括思维受控制加工路径和思维自动化加工路径。其中，思维受控制加工路径具体由各种刺激因素、这些刺激因素作用下有机体产生的各种动机以及个体在动机的驱使下做出一系列的反应三部分组成；思维自动化加工路径由刺激因素以及个体在刺激因素作用下于无意识中做出的反应两部分组成。由此，本书对同侪影响维度的划分也依据这两条路径分别展开。

（一）思维受控制加工路径下的同侪影响维度

根据思维受控制加工路径，个体在主、客观上存在的不确定性刺激因素作用下产生信息动机，在主、客观上的相似性刺激因素作用下产生比较和自我评价动机，在感知到的同侪压力的刺激因素作用下产生被接纳和认同动机，从而在动机的驱使下有意识、有目的地选择交互对象，这也是个体建立社交关系网络的阶段，进而为同侪间进行社交互动提供虚拟的“物理场域”，个体间的相互作用、相互影响由此开始进入社会化阶段。在此阶段，以社交互动为开端，以信任为基础，个体接受同侪的观点、态度或行为，并将同侪的观点、态度或行为内化为知识体系的一部分，或转化为个体的间接经验，这进一步促使个体的观点、态度或行为发生改变。

由此，由刺激—有机体—反应组成的整个过程就是同侪影响产生于个体有意识层面的一个社会心理过程：主、客观上的不确定性→信息动机→社交互动→信任→态度、观点或行为改变。这一过程事实上是个体受来自同侪的信息影响的社会心理过程，即个体在不确定状态下为了获得心理上的相对确定感，鉴于同侪之间因相似性而能够为个体提供更具参考价值的信息，个体主动地与同侪进行社交互动，从而获取更多的信息，并据此产生态度、观点或行为上的变化，因此这一社会过程更确切地说是信息影响产生的过程。

主、客观上的相似性→自我评价动机→社交互动→信任→态度、观点或行为改变，这一过程事实上是个体与同侪进行社会比较从而认识和界定自我的过程。根据发展理论（Developmental theories），同侪反馈和个体感知到的同侪形象是个体进行自我评价和身份识别的依据（Brechwald 和 Prinstein，2011），由此主、客上的相似性刺激个体产生比较和自我评价动机，而比较和自我评价又源于社会比较，并在比较的过程中个体构建自我概念，界定“现实自我”和“理想自我”，所以这一过程更具体地说是同侪影响中比较影响产生的社会心理过程。

感知到的同侪压力→被接纳和认同动机→社交互动→信任→态度、观点或行为改变，这一过程事实上是规范影响产生的社会心理过程，因为同侪压力通常由同侪间默认的原则等规范被个体经由主观认知加工后转化而成。基于感知到的同侪压力，个体趋利避害的本能反应使其产生被接纳和认同动机，进而个体在与同侪进行社交互动的过程中，基于彼此间建立的信任关系，往往会做出同侪期望的态度或行为反应以规避被同侪排斥带来的惩罚。

基于以上分析，对于思维受控制加工的路径而言，同侪影响实质上包括信息影响、比较影响和规范影响三个维度。

（二）思维自动化加工路径下的同侪影响维度

思维自动化加工路径下的同侪影响产生过程也是个体在社交关系网络中被社会化的过程。具体而言，在同一社交关系网络中，个体与同侪的直接或间接接触构成了对个体的刺激因素，使个体在无意识中做出相应的反应；反应可以是态度、观点或行为的变化，也可以是情绪的变化。

其中，个体态度、观点或行为的变化事实上源于个体于无意识中自动地将同侪的态度、观点或行为同步到自己的认知体系中，并转化为个体的印象等直觉信息。换句话说，这一过程也是同侪的观点、态度或行为转化为个体的直觉信息后，使个体于无意识中被影响的过程，可见这一传染过程实质上也是信息影响产生的另一过程。

而情绪的变化源于同侪情绪作为启动线索唤醒了个体身体结构中蕴藏的情绪，这也是人类能够对他人情绪感同身受的原因，即情绪具有传染性。所以同侪影响中还包括个体与同侪的直接或间接接触使得个体因同侪情绪而产生相应的情绪变化的情绪传染过程。

由此，在思维自动化加工路径中，同侪影响实质上包括信息影响和情绪传染两个维度。

综上，本书认为同侪影响应该包括信息影响、规范影响、比较影响和情绪传染四个维度。

社交网络情境下同侪影响与新产品扩散的关系研究

Chapter 4

第四章　新产品扩散视域下同侪影响量表开发

本书量表开发遵循了罗胜强和姜嬿《管理学问卷调查研究方法》(2014)、Bennett 和 Robinson (2000) 的量表开发流程，即明确测量的目标构念→编写备选项目→选择问题形式和答题形式→筛选测量项目→量表检验与修订。具体而言，本书首先根据前文对同侪影响的概念界定及相关术语辨析对所测构念进行明确；其次采用组合法（归纳法和演绎法结合的方法）收集项目（items），并形成项目库（items pool）；再次对测量项目库的所有项目进行评价和分析，筛选出符合研究者初衷的项目，并形成调研所采用的量表；最后根据问卷收集结果对量表的信效度进行分析，并对项目进行删除、修改后形成最终量表。

第一节　量表开发思路与流程

本节主要介绍本书进行新产品扩散视域下同侪影响量表开发的思路和具体流程。

一、量表开发思路

本书量表的开发整体上采用归纳法和演绎法相结合的组合方法。首先由研究团队结合前文分析对同侪影响各维度（信息影响、规范影响、比较影响和情绪传染）的构念进行明确，并由研究团队产生备选项目，同时结合文献梳理和用户访谈收集的项目，完成项目的编写与收集工作。在此基础上，由研究团队和相关领域专家对项目进行评价和分析，以保证项目能够准确、有效地反映构念。然后，将获得的备选项目转变为调研对象能够回答的问题，并再次邀请相关领域的专家和测量对象评审备选项目，精炼后形成测量量表。最后对量表进行前测以检验信效度，并为量表的下一步修订提供参考和依据。

二、量表开发流程

根据量表开发思路，本书对新产品扩散视域下的同侪影响量表开发主要遵循以下步骤，如图 4 – 1 所示。

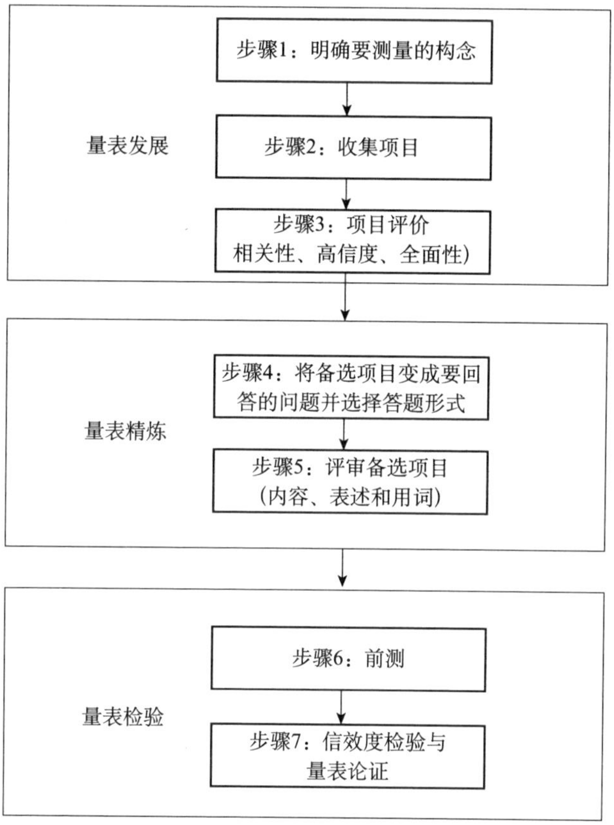

图 4 – 1　量表开发步骤

资料来源：根据罗胜强和姜嬿《管理学问卷调查研究方法》的相关内容整理而得。

步骤 1：测量构念的明确

根据研究目的，本书需对同侪影响进行测量。由于前文已依据同侪影响产生机理的理论框架将同侪影响划分为信息影响、规范影响、比较影响和情绪传染四个维度，所以本书对同侪影响的测量可在新产品扩散的研究视域下分别从这四个维度进行。

步骤 2：项目收集

收集所要测量构念（新产品扩散视域下同侪影响的四个维度）的项目：一是根据研究团队对构念内容和结构的理解尽可能多地写出备选项目，二是梳理相关文献收集项目，三是通过对用户的访谈获取项目。

步骤 3：项目评价

邀请相关领域的专家（市场营销和心理学两个领域）并请其依据相关性、高信度和全面性三个标准对备选项目进行评价，以使备选项目尽可能与构念定义相符，能够反映构念。

步骤 4：将备选项目转变成可回答的问题，并选择答题形式

将项目以问题的形式呈现出来，问题尽可能做到简短、具体、内容单一，并尽可能地使用肯定句。由于本书旨在进行组间比较，根据 Malhotra（2002）的建议，使用 5 - Likert 表即可，由此本书选择使用 5 - Likert 表（从“非常不同意”到“非常同意”）的答题形式。

步骤 5：题项评价

再次邀请相关领域的研究者和用户（调研对象）并请其从内容、表述和用词方面对题项进行评价，以保证测量量表的内容效度。

步骤 6：前测

将步骤 5 得到的备选题项设计为问卷的形式。以备选题项为主体，增加前言、调研对象的基本信息和结语。发放问卷，获取数据，对量表进行前测。

步骤 7：信效度检验与量表修订

通过数据分析，对量表的信度、聚敛效度和判别效度进行检验，并根据数据分析结果，对量表进行进一步的修订。

第二节　量表发展

为了保证量表题项尽可能全面、完整、准确，根据罗胜强和姜嬿《管理学问卷调查研究方法》（2014），本书采用组合法（归纳法和演绎法结合）从研究团队、文献和用户访谈三个来源收集项目，并借鉴 Bennett 和 Robinson（2000）的量表发展思路进一步对收集到的项目进行评价。

一、项目产生

本书的量表开发整体上采用归纳法和演绎法相结合的方法，分别从研究团队、文献和访谈对象三个来源收集项目。具体过程参考了 Dunn（1994）、Hinkin（1995）、Noar（2003）和单标安等（2014）的研究文献。

（一）研究团队

根据前文对同侪影响的概念界定，同侪影响产生于相似的、关系对等或平等且彼此可沟通的个体之间，其产生过程包括个体思维受控制加工路径和思维自动化加工路径两条。

同侪影响的四维度之一信息影响既可能由思维受控制加工路径产生，也可能由思维自动化加工路径产生。也即信息影响既可能是个体有意识、有目的地从同侪处获取新产品信息，从而使自身的态度或行为发生改变的过程；也可能是个体在同侪的交互过程中无意识、无目的地接触到新产品，从而形成有关新产品的直觉信息，进而使自身的态度或行为发生改变的过程。由此，本研究团队认为信息影响应该包括两个方面的内容：一是主动从同侪处获取新产品的信息从而改变对新产品的认知、态度或发生行为改变；二是与同侪接触中于无意识状态下获取新产品信息从而改变对新产品的认知、态度或发生行为改变。

规范影响仅由思维受控制加工路径产生，是个体有意识、有目的地改变自身的态度或行为从而赢得同侪接受和认同的过程。由此，本研究团队认为对规范影响的测量应该包括有意识地认知同侪赞成的新产品、根据同侪对新产品的态度评价该新产品和从事同侪期望的行为三个方面。

比较影响也是仅由思维受控制加工路径产生，个体有意识、有目的地与同侪比较从而界定和评价自我、满足“现实自我”和实现“理想自我”的社会心理过程。由此，本研究团队认为对比较影响的评价应该包括与同侪的相似性比较、对同侪关系的认同、对同侪新产品选择标准的内化和新产品个性三个方面。

情绪传染仅由思维自动化加工路径产生，它源自个体在与同侪的直接或间接接触中本能地对同侪情绪的感同身受。由于多数研究者都认同人的基本情绪包括愤怒、害怕、悲伤、快乐、厌恶和惊奇六种（Robbins 等，2012），所以本研究团队认为情绪传染应该从因同侪愤怒而愤怒、因同侪害怕而害怕、因同侪悲伤而悲伤、因同侪快乐而快乐、因同侪厌恶而厌恶和因同侪惊奇而惊奇六个方面测量。

据此，研究团队产生的备选项目见表 4－1 至表 4－4。

表 4－1　由研究团队产生的信息影响的备选项目表

构念	备选项目	来源	方法
信息影响	主动从同侪处获取新产品信息，从而产生认知改变	研究团队	演绎法
	主动从同侪处获取新产品信息，从而产生态度改变		
	主动从同侪处获取新产品信息，从而产生行为改变		
	无意中从同侪处获取新产品信息，从而产生认知改变		
	无意中从同侪处获取新产品信息，从而产生态度改变		
	无意中从同侪处获取新产品信息，从而产生行为改变		

资料来源：作者整理。

表 4－2　　由研究团队产生的规范影响的备选项目表

构念	备选项目	来源	方法
规范影响	有意识地认知同侪赞成的新产品	研究团队	演绎法
	根据同侪的态度评价新产品		
	从事同侪期望的行为		

资料来源：作者整理。

表 4－3　　由研究团队产生的比较影响的备选项目表

构念	备选项目	来源	方法
比较影响	与同侪的相似性比较	研究团队	演绎法
	对同侪关系的认同		
	对同侪新产品选择标准的内化		

资料来源：作者整理。

表 4－4　　由研究团队产生的情绪传染的备选项目表

构念	备选项目	来源	方法
情绪传染	因同侪愤怒而愤怒	研究团队	演绎法
	因同侪害怕而害怕		
	因同侪悲伤而悲伤		
	因同侪快乐而快乐		
	因同侪厌恶而厌恶		
	因同侪惊奇而惊奇		

资料来源：作者整理。

（二）文献

根据前文分析，现有研究多使用社会影响或参照群体影响的量表测量同侪影响，虽然不够严谨，但也说明有关测量社会影响或参照群体影响的文献是可以被本书参考、借鉴的。参照群体影响的量表是在社会影响测量量表的基础上增加价值表现性影响而成的，社会影响包括信息影响和规范影响两个维度，而参照群体影响包括信息影响、规范影响和价值表现性影响三个维度。因此，本书参考并借鉴了比较有代表性且被广泛使用的 Park 和 Lessig（1977）提出的参照群体影响量表的测量内容，Park 和 Lessig（1977）从信息来源、信息的权威性以及信息源的专业性三方面测量信息影响，从从事满足他人期望的行为和做出满足他人期望的决策两个方面测量规范影响。又由于同侪影响也是个体间的相互影响，或者是也是人际影响，因此本书收集项目时还参考了测量人际影响的较具代表性的量表，该量表由 Bearden 等（1989）开发。Bearden 等（1989）从信息来源、信息获取动机、信息获取行为和信息拥有程度四个方面测量信息影响，从从事他人期望的行为、重视他人对新产品的评价和获得归属感三个方面测量规范影响。备选项目的具体内容见表 4－5 和表 4－6。

表 4－5　　从文献中收集的信息影响的备选项目

构念	备选项目	来源	方法
信息影响	信息来源	文献 Park 等（1977）	归纳法
	信息的权威性		
	信息的专业性		
	信息来源	文献 Beardent 等（1989）	
	信息获取动机		
	信息获取行为		
	信息拥有程度		

资料来源：根据文献 Park 等（1977）和 Beardent 等（1989）整理。

表 4－6　　从文献中收集的规范影响的备选项目

构念	备选项目	来源	方法
规范影响	从事他人期望的行为	文献 Park 等（1977）	归纳法
	做出他人期望的决策		
	从事他人期望的行为	文献 Beardent 等（1989）	
	重视他人对新产品的评价		
	获得归属感		

资料来源：根据文献 Park 等（1977）和 Beardent 等（1989）整理。

然而，到目前为止尚未有学者对比较影响的量表进行开发。由于个体与同侪在交互过程中产生内聚力并形成群体之后，彼此会把他们相互作用过程中形成的价值观、共识等内化为自身的一部分，从而表现出价值表现性。在内聚力产生之前，比较影响的产生是基于个体对自身与他人同侪关系的认同和相似性。因此本书参考了对感知相似性、群体认同和价值表现性进行测量的文献，如感知相似性参考了 Shen 等（2010），群体认同参考了 Algesheimer 等（2005），价值表现性参考了 Park 和 Lessig（1977）。备选项目见表4－7。

表4－7　从文献中收集的比较影响的备选项目

构念	备选项目	来源	方法
比较影响	感知相似性	文献 Shen 等（2010）	归纳法
	认同感	文献 Algesheimer 等（2005）	
	产品与自我认同的一致性	文献 Park 和 Lessig（1977）	
	个体对某种价值观或共识的认同		

资料来源：根据文献 Shen 等（2010）、Park 和 Lessig（1977）和 Beardent 等（1989）整理。

由于情绪一直是心理学学者研究的主要内容之一（Robbins 等，2012），本书对心理学领域有关情绪传染的研究文献进行了梳理，并归纳得到已有文献对情绪传染测量的内容。其中，Verbeke（1997）从因他人生气而生气、因他人沮丧而沮丧、因被爱而充满活力、因他人快乐而快乐、因他人紧张而紧张、因感知他人害怕而害怕、感知他人情绪和捕捉他人情绪共八个方面测量情绪传染；杜建刚和范秀成（2008）则从因别人快乐而快乐、因别人心情低落而心情不佳、因感动场景而感动、感知他人情绪和捕捉他人情绪五个方面测量情绪传染（见表4－8）。

表 4－8　　从文献中收集的情绪传染的备选项目

构念	备选项目	来源	方法
情绪传染	因别人快乐而快乐	文献 杜建刚和范秀成（2008）	归纳法
	因别人心情低落而心情不佳		
	因感动场景而感动		
	感知他人情绪		
	捕捉他人情绪		
情绪传染	因他人生气而生气	文献 Verbeke（1997）	归纳法
	因他人沮丧而沮丧		
	因被爱而充满活力		
	因他人快乐而快乐		
	因他人紧张而紧张		
	因感知他人害怕而害怕		
	感知他人情绪		
	捕捉他人情绪		

资料来源：根据文献杜建刚和范秀成（2008）和 Verbeke（1997）整理。

（三）访谈

为了形成实践与理论并重的量表，本书选择了 15 名 20—40 岁的新产品用户并对其进行非结构化访谈。为了访谈具有针对性以及所获取的项目更具统计学意义，本书所选择的访谈对象既有学生，也有老师和一般的产品用户，既有销售人员，也有管理人员，而且在访谈开始之前，访谈人员先请访谈对象回忆一下最近采纳的一款新产品，同时也说出自己打算采纳的一款新产品。根据 Park 和 Lessig（1977）对参照群体影响进行量表开发时的访谈方法，访谈人员先就同侪影响的每一个维度向访谈对象进行详细的解释说明，在此基础上，请访谈对象描述他和其他人在每一维度下的可能表现，并详细记录访谈内容。访谈结束后，由本研究团队的 2 名本科生对访谈内容进行整理，最后由作者及本研究团队的另外 1 名博士研究生对访谈结果讨论、分析、归纳后形成备选项目。由该途径获取的信息影响、规范影响、比较影响和情绪传染的备选项目见表4－9至表4－12。

表4－9　由访谈获取的信息影响的备选项目

构念	备选项目	来源	方法
信息影响	无意中从同侪处获取新产品信息而改变对该产品的认知	访谈	归纳法
	无意中从同侪处获取新产品信息而改变对该产品的态度		
	无意中从同侪处获取新产品信息而发生行为改变		
	主动从同侪处获取新产品信息从而改变对该产品的认知		
	主动从同侪处获取新产品信息从而改变对该产品的态度		
	主动从同侪处获取新产品信息从而产生行为改变		

资料来源：作者整理。

表4－10　由访谈获取的规范影响的备选项目

构念	备选项目	来源	方法
规范影响	从事同侪期望的行为	访谈	归纳法
	重视同侪对新产品的态度		
	获得归属感		
	从事同侪认可的行为		

资料来源：作者整理。

表4－11　由访谈获取的比较影响的备选项目

构念	备选项目	来源	方法
比较影响	新产品个性与个体个性的一致性	访谈	归纳法
	与同侪比较产生的“我是谁”		
	与同侪比较产生的“我想成为谁”		
	尊严（新产品让“我”有面子）		
	竞争（新产品让“我”与众不同）		

资料来源：作者整理。

表4－12　由访谈获取的情绪传染的备选项目

构念	备选项目	来源	方法
情绪传染	因同侪激动而激动	访谈	归纳法
	因同侪兴奋而兴奋		
	因同侪狂热而狂热		

续表

构念	备选项目	来源	方法
情绪传染	因同侪愤怒而愤怒	访谈	归纳法
	因同侪失望而对某新产品印象差		
	因同侪厌恶而厌恶		
	因同侪惊奇而惊奇		

资料来源：作者整理。

二、项目评价

将三种渠道获取的备选项目汇总合并后，形成初始项目库。然后，邀请2位心理学领域的专家和1位创新扩散方向的专家对上述三种途径收集到的备选项目进行评价，在评价开始之前，本研究团队对明显重复的项目进行了合并。评价主要基于以下原则。

第一，相关性，邀请专家评价备选项目是否能够代表被测构念。由于在信息影响中，从文献中收集的备选项目更侧重于个体对信息影响的易感性，而非本书对信息影响所界定的个体因受到来自同侪的信息影响而发生改变，故与信息影响的相关度较低，因此建议删除。在情绪传染维度，虽然由研究团队产生的项目能反映研究者的测量目的，然而却偏离实际，因此专家将三种来源的备选项目进行比较之后，建议删除由研究团队产生的“因同侪害怕而害怕”“因同侪悲伤而悲伤”两个备选项目，并删除从文献中获取的与本书测量目的有偏离的项目，如“因被爱而充满活力”等。

第二，高信度，邀请专家评价同一纬度的备选项目之间是否具有较高的内部一致性。在比较影响维度，由于从文献中收集的备选项目“个体对某种价值观或共识的认同”事实上是个体遵从群体内规范影响的一种表现，测量范围太过局限，而且与本书对规范影响的界定并不十分相关，因此建议删除。对于由研究团队产生的项目“与同侪的相似性比较”“对同侪关系的认同”，从文献中收集的项目“感知相似性”“认同感”，以及从访谈中收集的项目“与同侪比较产生的‘我是谁’和‘我想成为谁’”，表述了同样的内容，都是表述“自我”建立的过程，因此建议合并并选择使用从访谈中得到的项目对此方面内容进行测量。而且从访谈中收集的“尊严”和“竞争”两个项目还体现了新产品与同侪影响之间的联系，因此建议补充。对于情绪传染维度，不管是研究团队或是访谈对象都未涉及“感知他人情绪”和“捕捉他人情绪”这两个备选项目，而这两个项目又反映了情绪传染的一般过程，因此建议补充。

第三，全面性，邀请专家评价各维度的备选项目是否已涵盖了被测构念的全部内容。在规范影响维度，从文献和从访谈两种渠道获取的备选项目中同时包含“获得归属感”一项，结合本书对规范影响的界定和解释，规范影响产生的动机就是被同侪接纳和认可，因此应该包含“获得归属感”这一项，建议补充。另外，从访谈获取的备选项目中还包含“从事同侪认可的行为”一项，这一项事实上与由研究团队产生的“从事同侪期望的行为”一项并不重复，而且体现了程度上的区别，因此建议补充，由于由研究团队产生的“从事同侪期望的行为”与从文献收集的“做出同侪期望的决策”是一种包含关系，因此建议选择使用“从事同侪期望的行为”。

根据专家评价结果，本书将明显与测量内容不符以及与该维度的其他项目明显不一致的项目予以删除，形成最终的项目库（见表4－13）。

表4－13　备选项目库

构念	备选项目
信息影响	主动从同侪处获取新产品信息，从而产生认知改变
	主动从同侪处获取补充信息，从而产生态度改变
	主动从同侪处获取新产品信息，从而发生行为改变
	与同侪接触中被动获取新产品信息，从而产生认知改变
	与同侪接触中被动获取新产品信息，从而产生态度改变
	与同侪接触中被动获取新产品信息，从而发生行为改变

续表

构念	备选项目
规范影响	有意识地认知同侪赞成的新产品
	根据同侪的态度评价新产品
	从事同侪期望的行为
	获得归属感
	从事同侪认可的行为
比较影响	对同侪新产品选择标准的内化
	与同侪比较产生的“我是谁”
	与同侪比较产生的“我想成为谁”
	尊严（新产品让“我”有面子）
	竞争（新产品让“我”与众不同）
情绪传染	因同侪愤怒而愤怒
	因同侪悲伤而悲伤
	因同侪厌恶而厌恶
	因同侪惊奇而惊奇
	因同侪高兴而高兴
	因同侪狂热而狂热
	因同侪失望而对某新产品印象差

资料来源：作者整理。

第三节　量表精炼

本节将上一节产生的项目转变成可回答的问题，形成问卷、发放问卷，基于获取的问卷数据对同侪影响进行探索性因子分析，进而删除未达到要求的题项，从而完成量表的精炼工作。

一、题项设计、问卷形成与问卷发放

由于收集到的项目只有变成答题者能回答的问题才能达到对调研

对象进行调研的目的，本书本着简短、具体、内容单一、尽可能地使用肯定句的原则，将备选项目转变为题项。

对于从文献中收集的备选项目，本书参考并借鉴了原文对项目的具体表述，将相关测量题项（全部为英文）进行整理，并采用倒译法对题项进行翻译（Malhotra，2002），即先邀请一位同时精通英语和汉语的翻译人员将题项翻译为中文，再邀请另一翻译人员将翻译好的中文题项译回英文，将其与原始题项进行比较，找出两版中不一致的地方，经研究小组和演绎人员一起讨论后对不一致的地方进行修正，直至两个版本意思完全吻合。对于研究团队产生的项目和访谈得到的项目，本书结合访谈对象提供的内容，并根据研究团队对构念的理解将备选项目转变成答题者能够回答的题项，共得到 60 个初始题项，见附录 1。

邀请用户、该领域的研究者（其中 1 名本科生、2 名用户）和 1 名对同侪影响有所了解的企业新产品推广负责人，请他们分别对 60 个初始题项进行初步评价，找出其认为重复或表述不清的题项以及用词不符合调研对象习惯的题项。本研究团队人员根据他们的评价结果，对明显重复的题项进行合并，如附录中“我从好友那里知晓该新产品”和“我知晓该新产品源自好友的推荐”，对被认为表述不清或用词不符合习惯的题项，经团队讨论并修正后予以保留。经过此阶段，量表尚剩余 56 个题项。

为确保量表的内容效度和表面效度，本研究团队邀请该研究领域的 5 名博士生对保留题项进行再次评价：第一，评价题项能否准确地表述项目；第二，评价题项间是否有包含关系；第三，对题项代表项目的程度进行打分（采用 5-Likert 测量模式，“1”代表非常不同意，“5”代表非常同意），题项得分均值在 2（包括 2）以下的题项予以删除。经过此阶段，量表共剩余 34 个题项，见附录 2。

研究团队进一步将产生的题项以问卷的形式呈现出来。由于本书是基于社交网络情境展开问卷调查，而社交网络情境中个体间通常以“好友”“老铁”相称，于是本研究团队在问卷说明部分对好友进行了解释：好友指即时通信（如微信、QQ）中的好友、虚拟社区（如小米社群）中的其他成员、虚拟电子游戏（如王者荣耀、绝地求生）中的玩伴以及电子商务评论区（如淘宝评论区、亚马孙顾客社区）中的其他消费者。一位非研究者阅后指出问卷对“好友”一词的解释不清楚，研究团队结合该用户意见对好友的解释进行了修正：好友“指你认为和你比较相似的社交网络上的那些人，这些人可以是微信、QQ 中的好友，可以是小米社群、学术交流群中的其他成员，可以是王者荣耀、绝地求生的玩伴，也可以是来自淘宝评论区、亚马孙顾客社区中的其他消费者”。将此定义呈现给另外两位用户评阅，他们均表示无意见。同时，在问卷说明部分，为了调研对象回答问题更具针对性，结合新产品扩散的研究视域，本书设计这样一个情景，“您打算在未来的一个星期内采纳一款新产品”，并请调研对象根据自己的可能反应作答。

研究团队在问卷发放过程中采用了分层抽样、方便抽样、判断抽样相结合的方法选择问卷发放对象，根据 Comrey（1973）的建议，对于不超过 40 个题项的问卷，200 个左右的样本便符合因子分析要求；根据张文彤（2002）的建议，样本总量达到量表题项数量的 5—10 倍即可满足因子分析要求，但原则上样本数量在 100 以上。由此，前测共发放问卷 248 份，剔除作答时间过短、得分通篇一致的问卷，共回收有效问卷 183 份，有效回收率为 73.8%，样本的基本信息如表 4－14 示。

表 4－14　　样本的基本信息

基本信息	样本特征	样本数（份）	占比（%）
性别	男	115	46.37
	女	133	53.63

续表

基本信息	样本特征	样本数（份）	占比（%）
年龄	18 岁以下	8	3.23
	18—35 岁	208	83.87
	35 岁以上	32	12.9
受教育程度	高中以下	11	4.44
	大专及本科	164	66.13
	研究生以上	73	29.44
平均收入	1000 元以下	66	26.61
	1000—3000 元	64	25.81
	3000 元以上	118	47.58

资料来源：作者整理。

二、形成最终量表

为了进一步精炼题项，本书根据 Malhotra（2002）的建议，采用 5-Likert 测量模式，其中“1”代表非常不同意，“5”代表非常同意，将剩余的 35 个题项形成问卷进行小样本预测。利用 SPSS22.0 分析题项间的相关性，然后对问卷数据进行探索性因子分析（Exploratory Factor Analysis，简称 EFA）。

首先，根据 Bearden 等（1989）、Zaichkowsky（1985）和 Ruekert 和 Churchill（1984），本书使用 SPSS22.0 对 35 个题项的相关性进行分析，删除题项与其余题项的相关系数未达到 0.5 的 9 个题项，以及和同一维度内其他题项相关性不显著的 3 个题项。

然后，再次使用 SPSS22.0 进行探索性因子分析，结果显示，检验统计量 KMO 值为 0.871，高于 0.7，Bartlett 近似卡方值为 1276.566，P 值为 0.000，说明本书的量表适合做因子分析。本书采用提取特征值大于 1 的主成分分析（Principal Component Analysis，简称 PCA）和最大方差旋转法，选择取消 0.5 以下的小系数显示，共提取出4个公因子，同时将在每一维度上的系数均不显示以及同时在两个维度上显示的共8个题项删除后，得到最终量表，如表4－15。

表4－15　最终量表

构念	题项
规范影响	我认为该新产品能帮我获得好友的接纳和认可（NI1）
	我认为该新产品符合好友的要求（NI2）
	我认为该新产品能让我受到好友的欢迎（NI3）
	我认为该新产品对维系我和好友之间的友谊很重要（NI4）
信息影响	我从与好友的接触中知晓该新产品（Ⅱ1）
	好友分享的新产品信息使我更加了解该新产品（Ⅱ2）
	在与好友谈论新产品后，我改变了对该新产品的态度（Ⅱ3）
	我经常观察好友是否使用或如何使用该新产品（Ⅱ4）
比较影响	我认为该新产品能让我赢得好友的羡慕和尊重（CI1）
	我认为该新产品能向好友表明我是什么样的人（CI2）
	我认为该新产品能让我成为我想要的样子（CI3）
	我认为该新产品可以提升我在好友心中的形象（CI4）
情绪传染	当好友因该新产品而愤怒时，我也会心情不佳（EC1）
	当好友因该新产品而高兴时，我也会高兴（EC2）
	当好友因该新产品而激动时，我也会激情难抑（EC3）

资料来源：作者整理。

第四节　量表检验

一、信度检验

本节再次进行探索性因子分析，结果如表4－16。四个公因子所对应的因子载荷均达到了0.5以上，说明题项聚合良好；公因子累积贡献率为71.368%，超过50%的要求，说明四个公因子能够较好地解释测量变量。随后，本书对量表的信度进行检验，量表的 Cronbach's 系数 α 为 0.882，各维度的 Cronbach's 系数见表 4 - 16，均在 0.7 以上，说明本书的量表具有较高的内部一致性，信度良好。

表 4 - 16　　　探索性因子分析结果

Items	因子载荷	累计方差贡献率（%）	Cronbach's α
NI1	0.757	20.871	0.848
NI2	0.806		
NI3	0.738		
NI4	0.693		
II1	0.734	39.014	0.829
II2	0.837		
II3	0.773		
II4	0.686		
CI1	0.746	57.114	0.864
CI2	0.860		
CI3	0.760		
CI4	0.815		
EC1	0.817	70.301	0.752
EC2	0.674		
EC3	0.830		

资料来源：作者整理。

二、效度检验

本书使用 AMOS24.0 对问卷数据进行验证性因子分析，检验同侪影响测量量表的结构效度，分析结果如表 4 - 17 所示。可见，模型的拟合良好。

为了检验量表的收敛效度和区别效度，计算各个潜变量的组合信度 CR 和平均提取方差 AVE，结果显示 CR 均在 0.7 以上，说明量表的内部一致性较好；AVE 值均在 0.500 以上，说明量表的收敛效度也较好。运用偏相关对各变量进行相关性分析，结果如表 4 - 18 所示。结果显示每个变量的 AVE 平方根均大于其与其他变量的相关系数值，说明量表具有较好的区别效度。

表 4 - 17　　模型拟合结果

指标	χ^2/df (<4)	CFI (>0.9)	GFI (>0.9)	PNFI (>0.5)	RMR (<0.08)	RMSEA (<0.08)
结果	1.604	0.956	0.901	0.714	0.052	0.061

资料来源：作者整理。

表 4 - 18　　变量的组合信度、收敛效度及区别效度检验表

潜变量	组合信度 (CR)	收敛效度 (AVE)	规范影响	信息影响	比较影响	情绪传染
规范影响	0.851	0.590	**0.768**	0.437**	0.600**	0.272**
信息影响	0.836	0.566	0.437**	**0.752**	0.361**	0.508**
比较影响	0.864	0.614	0.600**	0.361**	**0.784**	0.175*
情绪传染	0.754	0.506	0.272**	0.508**	0.175*	**0.711**

资料来源：作者整理。

注：① * 表示在 0.05 的水平上显著；** 表示在 0.01 的水平上显著；②粗体表示 AVE 的平方根。

社交网络情境下同侪影响与新产品扩散的关系研究
Chapter 5

第五章 概念模型构建与研究假设

本章首先围绕研究目的，选取相关研究变量如因变量和调节变量，提出概念模型。其次，结合前文对同侪影响的维度划分，就同侪影响各维度与采纳意愿的关系提出研究假设。然后，以产品类型和关系强度为调节变量，进一步提出在调节变量作用下，同侪影响各维度对采纳意愿的影响的研究假设。

第一节　相关研究变量选择及概念模型构建

本节主要对研究中涉及的因变量和调节变量进行阐述，并在对现有研究进行分析的基础上构建概念模型。

一、相关研究变量选择

基于新产品扩散与采纳意愿的联系，以及采纳意愿与购买意愿的区别与联系，本书在文献分析的基础上选择采纳意愿为因变量。基于现有研究结论存在的冲突，本书选择产品类型和关系强度为调节变量。

（一）因变量的选择

早期的学者分别从社会学和营销学的视角对新产品扩散进行过解读。如有学者从社会学的视角根据扩散理论，将新产品扩散解释为随时间推移，某新产品在某一社会系统内的各个成员间传播并被采纳的社会过程（Ryan 和 Gross，1943）；也有学者从营销学的视角用行为理论解释新产品的微观扩散过程，即新产品扩散是新产品被少量创新者最先采纳，并通过人际影响促进其他用户采纳新产品的过程（Easingwood 等，1983）。为更加全面和完整地了解新产品扩散过程，后续学者在厘清新产品扩散与用户采纳行为的内在关系的基础上，对社会视角和营销视角的新产品扩散研究思想进行了整合和统一，指出宏观层面上的新产品扩散本质上是微观层面上单个个体新产品采纳行为的加总，也就是说社会系统内成员的新产品采纳行为是新产品扩散的根本（Watts 和 Dodds，2007；Manchanda 等，2008；Goldenberg 等，2009；Peres 等，2010）。

在研究用户新产品采纳行为的文献中，现有学者依据的最基本的理论框架就是理性行为理论（Ajzen 和 Fishbein，1980；Nukhet 等，2009）。该理论的一个基本思想就是要预测个体行为，必须先预测个体行为的意愿（Myers 等，2016）。意愿代表了个体采取某行为的主观概率或可能性（Dodds 等，1991），被认为是真实行为发生的前奏（Webb 和 Sheeran，2006），是预测个体行为的有效指标（Ajzen 和 Fishbein，2005），因为个体只有具有了意愿，才会做出相应的行动。可见，要了解用户的新产品采纳行为，需先了解其采纳意愿，因为采纳意愿也是衡量用户新产品采纳行为的关键变量。由此，本书选择用微观个体层面的采纳意愿来反映宏观层面的新产品扩散。

此外，也有学者使用购买意愿来反映宏观层面的新产品扩散，如宋艳等（2012）。然而购买意愿与采纳意愿之间还是有所不同和侧重的。购买意愿通常是营销学领域广泛使用的一个变量（Knight 和 Young Kim，2007），指消费者有意识地去购买某种商品或服务的一种努力（Spears 和 Singh，2004），购买的对象往往是可以在市场上进行交易的一般商品。而采纳意愿则是一个社会学的概念（Martinez 等，1998），侧重于接纳或采用，并不一定购买，是用户认为合适而接受并采用新产品的主观概率，采纳的对象可以是营销学中有交换价值的商品或服务，也可以是产品本身并不具有交换价值而仅具有使用价值的技术、观点等（Chandrasekaran 和 Tellis，2007）。此外，对新产品的无偿试用也属于采纳的范畴，但这并不属于购买的范畴，所以试用通常不被计入总销量。而且采纳者通常是产品的使用者，但购买者未必是使用者（Tokarčíková 和 Kucharčíková，2015）。由此，本书选择采纳意愿为因变量。

（二）调节变量的选择

根据前文分析，目前在学术界关于同侪影响与新产品扩散二者关系的研究中主要存在 3 种观点，其中一个重要原因就是现有对二者关系的研究通常以一种或一类新产品为研究对象。如以 Rogers 为代表的一派研究的新产品主要是一般产品，如 Bass 模型研究的耐用消费新产品；以 Aral 为代表的一派在其研究中选择了具有网络外部性的新产品，如通信设备，对于这类产品，当基础设施完善后，用户的需求也会被激发；而以 Belo 和 Ferreira 为代表的一派则是以具有共享性质或存在用户“搭便车”行为的虚拟产品为研究对象（如手机套餐）。可见，同侪影响与新产品扩散的关系不可避免地会受到产品类型的调节作用。

此外，根据 Rogers（Rogers 等，2016）的创新扩散理论，强关系的个体之间交互频繁且沟通相对容易，而且更易做到有效沟通，因此新产品扩散在强关系网络中也更容易进行。弱关系通常连接两个社会性质差异较大的群体，因此有助于新产品信息的跨群体传递，从而使新产品扩散在更大范围内进行。由此，强关系、弱关系在新产品扩散的过程所起的作用是不同的，这也反映了在不同的关系强度下，同侪影响对新产品扩散发挥着不同的作用，或者说同侪影响的影响方式或内容在不同的关系强度下也是有所区别的。尤其在社交网络情境下，随着社交功能与各种平台的融合，人际关系的建立和维护也越来越依赖于社交网络。而不同的社交网络上结成的人际关系，其关系强度强弱不等，如微信以强关系为主，而微博则以弱关系为主。基于此，本书选择关系强度为调节同侪影响与新产品扩散二者关系的另一变量。

二、概念模型构建

同侪影响与新产品采纳意愿的关系已被学术界广泛探究，而且已有学者也将新产品扩散中的社会影响或同侪影响现象解读为新产品扩散中存在个体或同侪间因相互作用、相互影响从而引发个体新产品采纳行为的现象，即整个过程新产品扩散中存在由社会影响或同侪影响带来的扩散结果。如 Du 和 Kamakura（2011）以及 Risselada 和 Verhoef（2014）等将社会影响解读为用户之间的相互依存和相互作用，这进而影响不同的市场参与者即用户采纳新产品，进而影响新产品的市场渗透过程也即新产品扩散过程。也有学者将驱动新产品扩散的同侪影响解读为，同侪的新产品采纳行为改变了潜在用户从采纳新产品中获得的期望效用，从而改变了潜在用户采纳该新产品的可能性（Aral，2011）。

随着社交网络的发展，各领域的研究对新情境下包括新产品信息在内的各种信息扩散以及扩散背后的同侪影响产生了浓厚的兴趣（Dodds 等，2003），社会学学者 Peres 等（2010）指出，应该将对传统环境下人际沟通影响新产品扩散的研究转向新情境下同侪影响影响新产品扩散的研究。营销学学者 Iyengar 等（2011）在对社交网络情境下意见领袖如何影响新产品扩散进行研究时，发现意见领袖产生的影响力与个体感知彼此间具有的相似性有关，个体认为自己与意见领袖越相似，意见领袖对个体产生的影响力也越大，个体的新产品采纳行为越易受意见领袖影响，反之，影响力越小，越不易受影响。相似性正是衡量个体间是否为同侪关系的指标，可见对个体新产品采纳行为产生影响的事实上是同侪影响。Aral（2011）在对 Iyengar 等（2011）的研究进行评析时，也进一步肯定了同侪影响对采纳行为的促进作用，在后续的研究中识别并论证了社交网络情境下新产品扩散中同侪影响的存在（Aral 和 Walker，2011）。

结合前文分析，同侪影响与采纳意愿的关系事实上还受产品类型和关系强度的调节作用影响。对于不同类型的产品，个体对同侪的依赖程度也不同，如对于体验品，个体更看重其他消费者特别是同侪消费者的评论信息，而对于搜索品，个体则不太看重其他消费者创建的信息（张艳辉和李宗伟，2016）。又由于对于不同类型的关系强度，个体给予同侪的信任度以及个体对同侪的依赖程度均有所区别，相对于弱关系同侪，个体更加信任和依赖强关系同侪（冯娇和姚忠，2015），因此对于不同类型的新产品，个体的新产品采纳决策受同侪影响的程度还可能取决于个体与同侪间的关系强度。

根据前文分析，社交网络情境下同侪影响包括信息影响、规范影响、比较影响和情绪传染四个维度，因此本书的概念模型如图 5－1 所示：

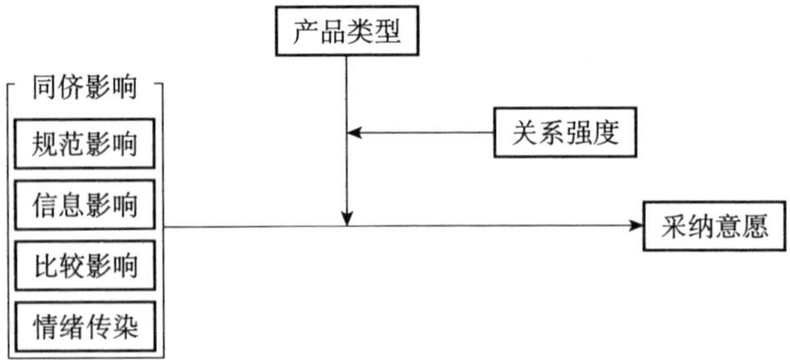

图 5－1　概念模型图

资料来源：作者整理。

第二节　研究假设

本节主要对同侪影响各维度与采纳意愿的关系以及在产品类型和关系强度的调节作用下同侪影响各维度与采纳意愿的关系提出研究假设。

一、同侪影响各维度影响采纳意愿的研究假设

根据前文分析，社交网络情境下同侪影响可被划分为四个维度，分别是信息影响、规范影响、比较影响和情绪传染。结合研究目的，本书分别对四个维度与采纳意愿的关系提出研究假设。

(一)信息影响与采纳意愿

根据前文分析，信息影响来源于个体对“正确”的渴求。信息影响产生效用的一个前提条件是不确定性，可以是客观存在的不确定性，也可以是个体对自身的信念或观点等的客观有效性缺乏信心而导致的主观上的不确定性（Hogg 等，2011）。根据不确定性减少理论（Uncertainty reduction theory），当个体处于不确定状态时，总是会通过向他人特别是同侪寻求建议或通过观察同侪的观点或行为以寻求信息、获得知识来改变现状，从而达到一种心理上的确定感（Berger 和 Calabrese，1974）。由于新产品本身所具有的不确定性、模糊性和风险性（Menzel 和 Katz，1955；Moscovici，1976；Sheth，1979），并且新产品是被个体或团体感知为“新的”的产品，所以个体往往缺乏对新产品的采纳或使用经历，也没有可依据的客观物理现实可以进行检验。此时个体将诉诸他人，尤其是具有可比性的同侪，基于他人的社会现实进行检验（Hogg 等，2011），如向已采纳者或专家（Deutsch 和 Gerard，1955；Bearden 和 Etzel，1982）学习或了解有关新产品的知识、信息等以降低新产品采纳的不确定感。这也是个体使有限理性获得最大化效用的最佳选择。

尤其在社交网络情境下，个体对新产品信息的获取更加方便，新产品信息的传播范围也更加快速、广泛。根据社会学习理论（Social learning theory）（Bandura 和 Walters，1977），在不确定或模棱两可的情况下，同侪意见或行为对于个体形成对新产品的认知和采纳决策特别重要（Ellison 和 Fudenburg，1993）。一方面，观察同侪的采纳行为可以降低新产品的采纳成本或风险，因为同侪的采纳和使用经历提供和确认了新产品优缺点的信息（Hinz 等，2014）。这些信息经个体认知加工后转化为个体的间接使用经历，构成个体对新产品进行检验的社会现实（Haunschild 和 Miner，1997；Iyengar 等，2011）：Bandiera 和 Rasul（2006）研究指出，同侪的新产品使用经历能够提高个体对新产品有用性的认知，从而提高个体采纳新产品的可能性；Iyengar 等（2011）研究发现同侪对新产品的使用程度对个体的新产品采纳行为具有显著影响，因为同侪使用新产品的程度越高说明同侪对该新产品的满意度也较高，新产品为个体带来的可能效用也将更大；Park（2019）研究发现消费者总是会通过观察他人的购买行为来获取相关产品信息，进而做出购买决策。另一方面，已采纳者提供的产品信息、未采纳新产品的同侪分享的新产品知识或其传递出的对新产品的态度被个体经由认知加工后内化为自身认知体系的一部分，进而影响其采纳意愿（Bala 和 Goyal，1998；Henning-Thurau 等，2015），如 Zhu 和 Zhang（2010）研究发现专业评论显著影响购买意愿，Lee 和 Ma（2012）研究指出，消费者在没有掌握足够多的产品信息时，会倾向于依赖同侪创建的新产品信息评价产品进而做出购买决策，陶晓波等（2017）研究发现在线评论无论是数量还是效价均对新产品扩散有正向影响。

此外，根据曝光效应（Bornstein，1999；Knewtson 和 Sias，2010），任一新异刺激如无意义的音节、汉字、面孔的曝光都能显著提高个体对接触物的评价，并产生偏好。由此，信息影响对采纳意愿的影响不仅是个体的一种理性行为，还可能是个体在无意识状态下被传染的结果。而且基于社会传染理论构建的新产品扩散模型如 Bass 模型、感染模型（SIR model）等的核心思想——接触传染，这本质上就是曝光效应的结果。实证研究如 Janiszewski（1993）研究发现即使最初无意间接触某品牌和产品包装，曝光效应仍然存在，并影响消费者的购买行为；而 Rogers（1995）、Lewis（2016）则研究发现，即使个体所在的环境使其能够接触到某新技术，当其周围没有同侪采纳或使用该技术时，个体采纳该技术的可能性仍然较低，显然，同侪的采纳行为一定程度上有助于降低个体的不确定感，同时这也说明同侪对于传递新产品信息的重要性，即使个体对信息的接收发生于无意识层面。对此，Hu 和 Zhang（2010）在对在线评论与购买意愿的关系进行研究时发现，个体仅需被曝光于其他消费者创建的在线评论，其购买意愿便能显著提高。

据此，本书提出如下假设：

H1：信息影响显著影响采纳意愿。

（二）规范影响与采纳意愿

规范影响是个体出于功利性目的，如避免惩罚或排斥等，而遵从他人期望或与他人保持一致。结合前文分析，即规范影响产生于个体对社会认可和社会接受的需求（Hogg 等，2011；Myers 等，2016）。规范影响产生效用的一个重要的前提条件是，个体感知到其正在受他人或其所属群体的监控，也就是说个体感知到来自群体的“社会作用力（social impact）”或来自同侪的“同侪压力（peer pressure）”的存在（Latané 和 Wolf，1981）。根据社会心理学中的一个重要观点即我们构建了社会现实，这事实上是个体间的相互依赖和相互作用被个体经主观认知“加工”后形成的一种被个体以感知的方式觉知的无形压力（Sheth 和 Kim，2018），是个体为缓解或消除此压力、避免因偏离规范带来的惩罚而遵从或满足群体或他人期望的一种紧张状态。在对新产品扩散的研究中，营销学更重视基于传染理论的信息影响对个体新产品采纳过程的影响，而社会学则强调社会压力（包括社会作用力和同侪压力）对个体是否采纳新产品的重要性（Young，2009）。Sacerdote（2001）研究发现同侪将同侪压力作用于个体，从而使个体做出遵从他人期望的行为，在新产品扩散中则表现为个体根据同侪的新产品采纳行为或同侪对新产品的态度调整自身对新产品的态度或可能的行为，进而影响其新产品采纳决策（Coleman 等，1966）。如 Valent 和 Pumpuang（2007）的研究结果表明，当新产品有可能成为未来的流行趋势并即将被同侪赞成和认可时，采纳新产品可能成为个体未来行动的一种规范或标准，而不采纳则意味着未来的流行趋势将被个体感知为一种压力进而增加其不采纳的代价，从而促使个体采纳新产品。

由于个体对他人的依赖关系和人际间的依存关系，我们有着强烈的与他人建立持续而亲密的关系的需要。这也源于人类社会行为的生物性基础，因为我们祖先的命运便决定于其是否能够被他人或群体接纳和认可，因为只有当个体被接纳和认可时，他才会受到他人或群体的保护，从而增加生存机会。由此，Leary（2004）指出，作为他们的后代，当我们面对社会排斥时就会感到痛苦或不舒服。就如 Williams 等（2011）研究发现，即使在虚拟的社交网络中，被一个永远不可能见面的人拒绝，也会引起个体的挫折感。可见，规范影响对个体新产品采纳的影响是一个复杂的社会心理学过程，个体的新产品采纳决策不但较强地依赖客观存在的或个体感知的同侪赞成什么、反对什么所传递出的同侪压力，还依赖同一社会关系网络中同侪的新产品采纳结果以及同侪可能的采纳行为，即个体希望通过新产品采纳与同侪建立联系、获得社会支持（Budak 等，2012；Mehmood 等，2016）。如 Nejad 等（2014）研究指出，同侪不仅通过同侪压力影响个体的新产品采纳行为，还因其能够为个体提供社会支持从而强化消费者的采纳决策。

而且，根据社会认同理论（Tajfel，1972a），个体渴望被同侪接纳和认同还可能在于同侪为个体提供了相互的情感和社会支持（Sageman，2004），能够满足个体的归属需求。如 Jeong-ha Oh 等（2008）以新视频为研究对象，结果发现一旦采纳者数量超过临界大多数点，社会网络中的个体分享新视频的行为便增加，因为他们不必再担心因特立独行、率先分享新视频而被同侪疏远或排斥；Goldstein 等（2008）则认为当规范较为清晰和明确时，使用规范影响来影响消费者的采纳决策是最为有效的，因为此时规范有助于个体与其同侪基于共享的社会场域（在明确的规范下，个体能够相互参照、能够领会彼此间的相互的情感和社会支持关系）从共同理解的视角体会到彼此在认知上的一致性，进而产生行为上的一致性，也即做出相同的采纳决策；Goldenberg 等（2010）研究发现对于激进式创新，社会领袖（social Leaders）而非专家对个体的创新采纳行为影响更大，因为社会领袖通常被认为与个体更加相似，而且也更了解个体需求，并且如果个体遵从社会领袖的期望或与社会领袖的选择保持一致，便可以获得社会认可和社会支持；Zhu 等（2016）采用仿真模拟的方法验证了“邻居压力效应”的存在，即同侪群体中使用某一产品的人数越多，消费者基于对邻居压力的感知（即为了获得其他消费者的认同）而对该产品的功能价值给予较高的赋值；Muralidharan 等（2015）研究发现社交购物因其能让消费者较直接地感知到同侪提供的社会和情感支持而受到消费者的青睐；王殿文等（2018）实证结果表明对于社会性产品，规范影响对消费者虚拟产品购买行为的影响更大，因为社会性产品暗示了购买者与同侪之间的关联关系。

据此，本书提出如下假设：

H2：规范影响显著影响采纳意愿。

（三）比较影响与采纳意愿

比较影响源于个体对自我期望的满足，由于个体的身份特征或社会地位是从他们所属类别的成员身份中推演出来的，所以通过与同侪的社会比较，个体可以更好地评价自我、认识自我、界定自我（Kelly，1952；Turner 等，2011；Myers 等，2016）。比较影响产生效用的一个前提条件是个体的自我归类，在社交网络情境下即个体将感知与自己较为相似的个体进行归类，形成心理上的同侪关系，或者说比较影响的产生是基于个体对他人相似性的感知和个体对相似他人（即同侪）的社会认同（Turner 等，2011）。根据社会自我知觉理论（Social self-perception）（Bem，1972），个体的自我知觉往往是沿着一个连续体发展的，从把“自我”知觉为唯一的人到把“自我”知觉为一个类别，由此个体的新产品采纳行为被比较影响作用的过程可基于结构等价理论（指不同个体在社会网络中占据等价的位置，拥有相同类别的角色，可以相互取代）（Burt，1987）和自我概念进行解读。

Peres 等（2010）研究指出个体的新产品采纳行为代表着一种社会标志，通过新产品采纳，消费者能实现垂直方向的社会区分和水平方向的社会认同（Bourdieu，1984），这些信号传递给其他个体，这些个体就会跟随他们的渴望对象或能代替“原型”的个体的消费行为（Van den Bulte 和 Joshi，2007；Van den Bulte 和 Wuyts，2007），同时特定个体或类别成员的新产品采纳行为也暗示了该类别内的成员（采纳）和其他类别的个体（规避采纳）的不同（Berger 和 Health，2007；2008）。或者说个体基于比较影响做出的新产品采纳决策事实上是个体从自我概念的层面实现个体对自我（包括“现实中的我”和“理想中的我”）期望的满足（Hawkins 等，2016）。根据前文分析，自我概念的构建源于社会比较，其中“现实中的我”由同侪圈所赋予，是个体对相似他人和“现实自我”进行归类的结果（Granovetter，1973）；“理想中的我”则由符合理想自我类型原型（如典范、榜样等）的同侪所塑造，是个体将符合“理想中的我”的相似他人与自身进行归类的结果。

由此，如果个体在特定场合中觉得他人如体育或影视明星与自己的理想自我具有相似性，他们就会被个体吸引成为“理想自我”的模仿者。在原型或“理想自我”的作用下，个体往往会采纳有助于其达到“理想自我”标准的产品，如崇拜对象采纳的产品（Simmel，1971）。而且根据符号自我完成理论（Symbolic self-completion theory），自我定义不完整的个体往往倾向于通过获取并展示与身份相关的符号来完善这一身份定义。如消费者基于印象管理，会选择那些让他们看起来出众的服装或其他产品（Soloman 等，2014）；当个体拥有很时髦的产品时，会更喜欢与同侪分享以寻求社会地位的提升（Lampel 和 Bhalla，2007）；Berger（2014）进一步研究发现当产品能够展现个体渴望的身份时，其就会通过主动的新产品采纳行为来提升自我。

“现实的我”是个体对自己的认识，即自我图式，它是个体组织自己所处世界的心理模板，建立在个体对与自己结构等价的他人进行自我归类和比较的基础之上。当新产品能够反映个体的自我图式时，个体就会通过采纳该产品以表明“我是谁”。这也就是为什么青春期的男孩可能会用汽车或香烟等具有“男子气”的产品来显示他们的男性魅力。Soloman 等（2014）的研究表明，个体对产品的购买经历着由“我拥有它”的具体关系向“它像我”的复杂关系的转变。正如 Sheth（1979）所认为的，寻求稳定的社会身份是人类的本性，当某些产品（如汽车、衣服和发型）比其他产品更能象征自己的身份地位时，就会被消费者用作界定自我的象征而购买（Belk，1988；Berger 和 Heath，2007）。

另外，根据结构等价理论（Structure equivalence）（Burt，1982），结构等价者通常拥有相同的角色，往往是一种同侪关系，是个体对所处社会系统内社会地位的竞争（Burt，1987）。或者说结构等价理论从竞争的层面解释了个体对自我期望的满足，该理论强调社会网络中结构等价者之间的相互影响。根据该理论，结构不等价的他人的采纳行为并不会给个体自身带来竞争威胁，真正触发个体采纳动机的往往是与个体在社会结构中占据相同位置的个体即同侪，或有可能取代自己的其他个体。因此，当创新扩散未危及个体在社会网络中的占位之前，个体往往不去关注创新，而一旦结构等价者开始采纳创新，个体为维持自己的占位将迅速地跟随同侪的创新采纳行为以免成为落后者而被移出所在的结构。正如 Burt（1987）的实证研究结果表明一旦有结构等价者开始采纳新产品，结构等价的其他个体也会迅速采纳，因为他们害怕当前的占位被取消；Lewis（2016）的研究也发现当未建立直接联系的两个个体拥有共同好友时，其中的任何一个个体都更有可能因同侪对新产品的接受而接受新产品。

因此本书提出如下假设：

H3：比较影响显著影响采纳意愿。

（四）情绪传染与采纳意愿

情绪传染是一种社会传染，而社会传染的关键在于接触（McDougall，1921）。因此，情绪传染源于个体与他人的接触，特别是彼此间存在“心境联结”的人际接触（Totterdell 等，1998）。根据情绪传染理论（Hatfield 等，1993），个体在与同侪的接触中，会自动且持续地模仿他人的面部表情、动作、声音、姿势等，或者说个体倾向于时刻捕捉同侪的情绪变化，并唤醒个体身体内蕴藏的情绪，进而做出一致的情绪反应。根据信息加工过程理论（Keltner 和 Haidt，1999），个体因同侪情绪引发的相似情绪反应会作为一种社会信息渗入个体的思维中，并影响其做出判断（Myers 等，2016）。根据情感事件理论（affective event theory），任何引发个体情绪变化的外因都被称为情感事件，结合自我知觉理论（self-perception theory）（Bem，1972），个体对自身情绪状态的觉知是通过其站在局外人的位置上观察自己的身体和行为推断得出的。个体对情绪的觉知在个体内心转化为个体内在的情感，并进一步影响个体对某事物的态度和行为（Weiss 和 Cropanzano，1996）。整合情绪的社交功能 EASI 模型（Van Kleef 等，2009）指出情绪传染会通过两种方式影响个体行为：一方面是他人情绪对个体情绪的唤起，主要基于个体间的“心境联结”或“互相共享的心理场域”（即个体的情感和思维能够考虑到他人的情感与思维）；另一方面是基于一种模仿—反馈机制，当个体模仿他人的面部表情、动作等之后，或者他人的面部表情等作为一种社会信息传送到脑区的感觉交换台并下传至情绪控制中心之后，模仿被个体知觉为一种情绪，从而体会到与所模仿对象一致的情绪体验。

已有实证研究结果也表明，情绪传染对个体的情绪变化、态度以及行为具有极其重要的影响作用（如 Antonio，1994；Dolan，2002；Berger，2014）。如 Berger（2014）认为情绪传染导致的情绪共享增加了彼此间的相似性，增强了同侪间的内聚力，进而帮助个体同步他人的注意、认知、行为从而与同侪保持了态度或行为上一致性；Pugh（2001）在对服务营销的研究中，发现在服务接触中，员工的情绪展示（Display of emotion）传染给顾客，进而导致顾客情绪体验的变化；Henning-Thurau 等（2006）采用真实场景实验法，不但进一步证实了情绪传染在服务接触中的存在，而且发现员工微笑程度越高、越真实，就越能为顾客带来正面的情绪传染，并最终影响顾客的满意度；杜建刚和范秀成（2007）研究结果表明情绪传染对顾客满意和行为有直接的影响；方淑杰等（2019）在对旅游景区服务补救的研究中进一步验证了情绪传染显著影响游客对服务补救的响应结果。

社交网络情境下，个体展现出的情绪传播速度更快、传播范围更广，更能让他人与其感同身受，正如 Coviello 和 Sohn（2014）研究发现社交网络上消费者的情绪传染范围和深度都较传统模式下有很大程度的加强。而且在传统情境下个体通过表情和声音展示的情绪，在社交网络情境下通过嵌入在文字、视频、表情包等形式中进行展示。如 Arndt（1967）、Chevalier 和 Mayzlin（2006）在对口碑传播与新产品扩散关系的研究中，发现新产品用户创建的积极口碑有助于其他消费者对该新产品产生积极的偏好，而消极口碑则降低其他消费者的偏好，进而影响消费者对新产品的态度，最终影响其采纳决策；Kim 等（2012）研究发现情绪传染促进了 Twitter 转发量；Lee 等（2014）验证了博客上存在情绪传染；Hening-Thurau 等（2015）基于信息诊断理论和前景理论，发现在新产品上市早期，消极的评论影响所有消费者的购买决策，甚至改变消费者已经做出的决策。

据此，本书提出以下假设：

H4：情绪传染显著影响采纳意愿。

二、产品类型和关系强度的调节作用

根据前文分析，产品类型和关系强度调节同侪影响与采纳意愿的关系，而且产品类型的调节作用受关系强度影响。

（一）产品类型的调节作用

目前，学术界关于产品类型的划分已比较成熟。不同的学者分别使用不同的标准对产品类型进行了划分。

Copeland（1923）首次提出根据消费者在购买新产品时所需花费的时间、精力以及顾客对品牌的偏好程度将产品分为便利品、选购品、特殊品。其中便利品指那些可以方便地从附近商店购买到的产品，也是消费者经常、即时购买的产品；对于选购品，消费者在购买过程中往往会付出更多的时间及精力积极搜索产品的价格、质量及款式等信息；特殊品是指具有独特的个性或品牌识别的消费品和服务，即那些对消费者而言有特殊吸引力的商品。Zhang 和 Nurit Gery（2000）结合消费者的购买行为模式在便利品、选购品、特殊品的基础上增加了非渴求产品类型（Unsought goods），即消费者不知道或者知道但是不曾想过购买的产品。Nelson（1974）则从信息搜索成本出发，将产品分为搜索型产品、体验型产品和信念型产品三种类型：搜索型产品指消费者在购买之前通过自身的知识、产品观察、消费者观察报告等渠道就可以对其进行评估的产品；体验型产品指消费者必须通过对产品的使用才能评估其主要属性，或者其属性相关信息的搜索成本很高的产品；信念型产品指消费者由于缺少相关专业知识，在使用之后仍不能评估其质量的产品。

针对以上分类，Olshavsky 和 Granbois（1979）曾质疑，认为传统的分类方法不能解释顾客非理性的购买行为，结合此观点，Hol-book 和 Hirschman（1982）基于情感的回应、感性的愉悦、美学的享受等消费维度进一步将产品分为实用型和享乐型。享乐型产品是指那些能让人在情感和感官体验上获得美感或愉悦感、幻想和乐趣的产品或服务，如专业设计的时尚服装等；而实用型产品则更多的是理性认知的、工具性的、目标导向的、能完成某种功能或实际任务的产品或服务（Strahilevitz 和 Myers，1998），如基本食物和衣物、微波炉等。基于享乐型和功能型两个维度进行产品分类一直是营销实践与学术界长盛不衰的话题（如 Strahilevitz 和 Myers，1998；Wertenbroch，1998；Dhar 和 Wertenbroch，2000；Kivetz 和 Simonson，2002a，b；Okada，2005；Dholakia 等，2005；Kivetz 和 Zheng，2006；Khan 和 Dhar，2006；Xu 和 Schwarz，2009）。尤其是随着中国经济的发展和物质的丰富，消费者也越来越多地选择和购买享乐品，与此同时，相关的研究也快速增长（如郑毓煌，2007；李玉峰等，2008；赵占波等，2007；马京晶等，2008）。

但享乐型和功能型并非产品不能兼具的属性（Voss 等，2003），很多产品都同时具有享乐属性和功能属性（Crowley 等，1992），如智能手机、电脑等。所以这种分类方法并不能将产品明确区分开来，既不利于理论界探究影响因素等在不同类型产品下的作用差异化程度，也不利于实践界根据不同产品类型制定更具针对性的营销策略。有学者认为“享乐品和功能品”与“奢侈品和必需品”的划分方法实质上是一致的，只是使用的术语不同（姚卿，2012）。但本书认为后者显然比前者更具代表性，对产品的区分性也更强。首先根据马斯洛需求层次理论，必需品属于用户为满足其生理需求（如面包）和安全需求（如基本的衣物）所需的产品；而对于奢侈品，用户更多的是为了满足其更高层次的需求，如自我实现，如跑车能够满足用户的自我实现需求。

奢侈品和必需品在经济学领域也有着严格的定义，收入需求弹性为正的产品为奢侈品，而收入需求为负的产品则为必需品（Deaton 和 Muellbauer，1980），因此相比享乐品和实用品的分类，奢侈品和必需品的分类更为严格，对产品的分类也更为明确和合理。值得注意的是，必需品几乎可以为每个人所拥有，也就是不具有排他性，而奢侈品通常为少数人拥有，或者说具有排他性。如果奢侈品也像必需品一样，几乎每个人都能拥有，那么它也失去了奢侈品本身的炫耀性，可见奢侈品和必需品的划分标准本质上是产品是否具有排他性（Bearden 等，1982）。更为重要的是，此分类体现了产品的社会属性，即产品所体现的用户与他人的关联关系（白长虹等，2002）。事实上，作为社会人，我们既构建了社会现实即社会比较和共识性确认，同时也被社会环境所影响（Myers 等，2016），而此分类便是建立在我们所构建的社会现实基础之上的，所以产品本身就是一种社会标志，影响个体受他人影响的程度（Peres 等，2010）。

Bourne（1957）在对参照群体影响消费者购买决策的研究中提出参照群体对消费者购买决策的影响程度受产品的“可炫耀性”特征影响。而“可炫耀性”不仅包括排他性（必需品或奢侈品），还包括产品使用的场合（公开或私下）。公开场合使用的产品通常是可见性高的或具有可辨识性的，而私下使用的产品通常是不可见的（Bearden 等，1982）。所以，通常情况下，奢侈品比必需品更具“可炫耀性”，公开场合使用的产品比私下使用的产品也更能凸显产品的“可炫耀性”特征（Childers 和 Rao，1992）。据此，本书选择产品所具有的排他性和产品的使用场合两个维度对新产品进行类型划分，即新产品可被分为公开必需品（PUN）、公开奢侈品（PUL）、私下必需品（PRN）和私下奢侈品（PRL）四类。公开必需品指产品通常在公开场合使用，且需求收入弹性为负；公开奢侈品指产品通常在公开场合使用，但需求收入弹性为正；私下必需品指产品通常在私下场合使用，需求收入弹性为负；私下奢侈品指产品通常在私下场合使用，但需求收入弹性为正（见图 5-2）。

亚当·斯密将奢侈品看作有别于必需品的另一类产品。奢侈品通常具有以下几个特点：一是奢侈品通常是“昂贵的”“符号价值大于功能和经济价值的”；二是一般属于难以得到的“高档、有品质和品位”的艺术品，可以给采纳者带来物质和心理上的双重享受；三是能代表采纳者的阶层、地位与社会声望；四是因其昂贵和稀缺，具有物质上的排他性。基于此，卢长宝等（2013）将奢侈品归纳为稀缺

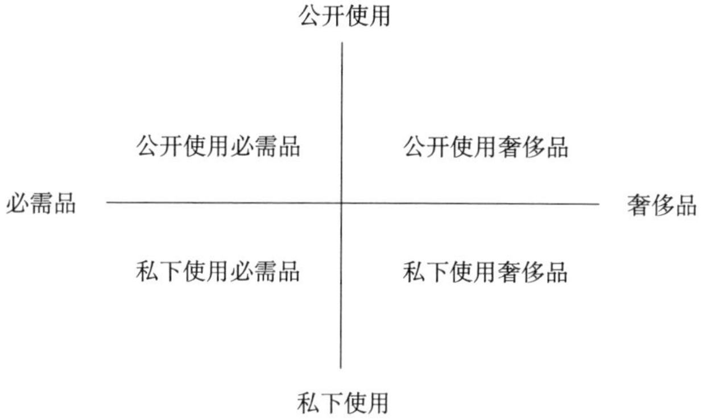

图 5-2　基于排他性和使用场合的产品类型划分

资料来源：作者整理。

性、象征性、炫耀性、攀比性和享乐性五个构成维度。

对于公开场合使用的奢侈品（PUL），从社会观感的角度来看，它代表了采纳者的阶层、地位及财富的独立或区隔，具有象征意义，也即 PUL 的社会价值大于功能价值，用户更看重借助 PUL 与他人特别是同侪建立的关联关系（白长虹等，2002）。大多数个体采纳 PUL 的主要目的是获得产品的“符号价值”，从而获得同侪的赞赏和支持，建立自身与同侪的社会认同（Thomas 等，2013；Midgley，1983），且 O'Cass 和 McEwen（2004）研究发现个体越渴望获得同侪的认同和青睐，就越倾向于 PUL 消费。而且，在“面子文化”普遍存在的中国，个体更注重所采纳产品的公众象征意义以保证自己符合群体规范和期望（Yau，1988）。事实上，“面子文化”还使得个体特别重视同侪期望以及同侪对新产品的可能反应，因为同侪之间的可比性更强，而且同侪间更容易发生交互行为。

从社会现实检验的角度，当个体不能确定自己的观点、信念是否正确时，同侪行为为其提供了更具价值的社会现实以确认自身的有效性（Hogg 等，2011），由此 PUL 的可见性特征为采纳者提供了相互确认的真实有效的信息，包括产品做得好不好，好在哪里，坏在哪里（Smith，2004），同时同侪期望或同侪可能的反应也为个体自身的信念或观点等的客观有效性检验提供了有效证据（卢长宝等，2013）。

从社会比较的角度，PUL 所具有的攀比性不可避免地带来“地位竞争”（Veblen，1994）。攀比性是个体为了求得心理平衡而将自己的现状与代表了“现实中的自我”的同侪以及代表了“理想中的自我”的同侪进行比较的心理模式（杨敬舒和晁钢令，2009）。赵驹（2006）的研究结果表明，“攀比”问题在中国白领尤其是外企公司雇员中最为典型，他们会花上一整月工资购买一件 PUL，借此提升自我位阶。同时，赵驹（2006）和姚建平（2006）均指出对于那些富有的个体而言，他们购买最新、最流行的 PUL 是为了表明自己与众不同，展示自己的个性。由此，同侪影响的四个维度均可能影响采纳意愿。

对于私下使用的奢侈品（PRL），由于场合缺少可见性，通常不被个体之外的同侪看到，因此个体也不会因采纳 PRL 而惹人注目。由此，个体采纳 PRL 并不是源于对同侪认同和接受的渴求，甚至完全可以置同侪对自己的评价于不顾（卢长宝等，2013）。因此，对于 PRL，规范影响对采纳意愿的影响应该较小甚至不显著。

从个体导向的角度，由于 PRL 具有的享乐性，个体采纳 PRL 的重要动机在于自我愉悦、自我赠礼、内在一致性和品质保证等（姜凌等，2009），也即对自我期望的满足。从自我概念的角度，根据符号自我完成理论，即便 PRL 为私下场合使用，但它依然有助于满足个体“我是谁”以及“我想成为谁”的内在需求，所以比较影响可能影响采纳意愿。

此外，社交网络的广泛使用使得私下使用的奢侈品在新情境下具有了一定程度的可见性，个体可以借助社交网络传递 PRL 的各种信息（包括不含用户观点的客观属性和内含用户情感或观点的评价性信息），这为个体采纳 PRL 提供了较具参考价值的信息，在一定程度上降低了 PRL 的采纳风险。即便在传统情境下，有限理性的个体依然会在向同侪咨询或寻求帮助的情况下进行产品决策。如 Bearden 和

Eztel（1982）研究结果表明，对于 PRL，信息影响对个体购买决策的影响依然较大。由此，信息影响可能影响采纳意愿。

从情绪传染的角度，不管是 PUL 还是 PRL，由于情绪传染发生在个体无意识的状态下，因此同侪的情绪依然会在与个体的接触中不分产品类型地传染给个体，使个体做出与同侪一致的情绪反应（所罗门等，2013），进而影响其采纳意愿。

据此，本书提出如下假设：

H5a：对于 PUL，信息影响显著影响采纳意愿；

H5b：对于 PUL，规范影响显著影响采纳意愿；

H5c：对于 PUL，比较影响显著影响采纳意愿；

H5d：对于 PUL，情绪传染显著影响采纳意愿。

H6a：对于 PRL，信息影响显著影响采纳意愿；

H6b：对于 PRL，规范影响对采纳意愿的影响不显著；

H6c：对于 PRL，比较影响显著影响采纳意愿；

H6d：对于 PRL，情绪传染显著影响采纳意愿。

必需品是收入需求弹性为负的产品（Deaton 和 Muellbauer，1980），通常是个体为维持最低生活保障所不可或缺的（Berry，1994）。个体对必需品的诉求主要是完成某些特定的任务、获得更多的效能，即更关注产品的功能性和实用性（Okada，2005；Crowley 等，1992；Chitturi 等，2008），所以个体采纳必需品的首要目的是获得产品为自身带来的功能性价值（Jiang 和 Benbasat，2007）。因此，个体往往将必需品作为一种达到自己目标、完成实际任务的工具，其采纳决策过程也相对更加理性。并且必需品的评价标准更客观，所以个体采纳必需品时也更易做出合理化的解释（Hsee，1996），即决策结果是个体基于理性做出的最佳选择。

对于公开使用的必需品（PUN），由于它首先是必需品，所以个体的采纳决策是基于自身的理性认知。但 PUN 具有可见性，且能够为大多数个体拥有，这一公开使用属性使得产品的采纳过程不可避免地会受到同侪影响。这包括两个方面：一方面是个体从对已采纳者的直接观察中更多地了解 PUN，或从与同侪或同侪间的公开讨论中推测 PUN 的功能性信息（Peres 等，2010），即信息影响显著影响采纳意愿，如 Cheema 和 Papatla 等（2010）研究发现消费者创建的在线评论等产品信息对公开使用的功能性产品的重要程度更高；另一方面，由于我国的传统文化将“勤俭节约”视为美德，反对铺张浪费（姚卿等，2013），对 PUN 的采纳更可能成为一种既定的社会规范和个体新产品采纳的标准，并且 PUN 为公开场合使用，其可见性增加了包括同侪在内的他人对个体新产品采纳行为的监督，此时个体对同侪如何看自己的担忧也会随之增加（Rather 和 Kahn，2002），所以对于 PUN，规范影响显著影响采纳意愿。

对于私下使用的必需品（PRN），其既不具有可见性，也不具有排他性，因此 PRN 不具有任何程度的社会属性，个体几乎不受来自同侪的规范影响（Childers 和 Rao，1992）。个体进行 PRN 采纳决策时几乎完全是基于自身的理性认知（Bearden 和 Etzel，1982）。根据效用理论，个体之所以受同侪影响，是因为同侪的新产品采纳行为改变了个体从采纳新产品中获得的效用，进而促使个体产生与同侪一致的采纳行为（Aral，2011）。对于 PRN，传统情境下，当个体对新产品处于不确定状态时，通常以家人为参照对象以降低不确定性（Bearden 和 Etzel，1982）。随着社交网络的广泛使用，个体获取有关产品信息的来源已不再局限于家人，而是更多地通过社交网络将与自身具有可比性的同侪消费者作为信息获取的重要来源（King 和 Balasubramanian，1994；Nejad 等，2014）。同侪创建和分享的对 PRN 的各种信息有效降低了个体的采纳风险，因此在社交网络情境下，个体对 PRN 的采纳依然会受到来自同侪的信息影响。

此外，在人类心理发展的过程中，人们一致认同有限的经济资源应优先花在必需品上（姚卿等，2013），这一标准已内化为个体自身的行为的标准。因此，个体对必需品的采纳，不管必需品是在公开场合使用还是在私下场合使用，都是个体对自我期望的满足、对自我认同的遵从。因此，对于 PUN 和 PRN，均有比较影响影响采纳意愿。然而个体是否采纳 PRN 却与社会认同无关，因此对于 PRN，规范影响并不影响采纳意愿。但从情绪传染的角度，无论是真实情境下人际接触产生的情绪传染还是社交网络情境下同侪创建的传递情绪的文字、表情图片等都将唤醒或刺激个体产生一致的情绪反应，均能影响个体对该产品的态度（所罗门等，2013；Kotler 等，2013），进而影响其采纳意愿。由此，对于 PUN 和 PRN，情绪传染均可能影响采纳意愿。

据此，本书提出假设如下：

H7a：对于 PUN，信息影响显著影响采纳意愿；

H7b：对于 PUN，规范影响显著影响采纳意愿；

H7c：对于 PUN，比较影响显著影响采纳意愿；

H7d：对于 PUN，情绪传染显著影响采纳意愿。

H8a：对于 PRN，信息影响显著影响采纳意愿；

H8b：对于 PRN，规范影响对采纳意愿的影响不显著；

H8c：对于 PRN，比较影响显著影响采纳意愿；

H8d：对于 PRN，情绪传染显著影响采纳意愿。

（二）不同产品类型下，关系强度的调节作用

关系强度理论由美国社会学家 Granovetter（1973）提出，该理论将人际关系分为强关系和弱关系。其中强关系指个体彼此间相互了解、信任、交互频繁的关系，具有亲密性和紧密型的特征；弱关系指个体彼此间相识但不相知，相互"关注"但联系较少，或者仅仅是单向互动，弱关系联系的个体通常属于泛泛之交、彼此间无太多的情感维系（Brow 和 Reingen，1987；Van den Bulte 和 Wuyts，2007）。Nitzan 和 Libai（2011）、Reingen 和 Kernan（1986）进一步指出，关系强度并非离散的，也不是强和弱的二分型，而是在强关系（如配

偶、好朋友等为强关系同侪）和弱关系（单向“关注”、点头之交）的区间内连续变化，由此 De Bruyn 和 Lilien（2008）还以关系强度为连续变量开发了关系强度的测量量表。

关系强度影响个体的同侪影响易感性，即个体受同侪影响的容易程度。因为同侪影响的发生需要以彼此间建立的社会关系为纽带（Hu 等，2018），社会关系的形成可以是随机产生的（被称为仅认识或接触过的随机同侪），也可以是基于他们共享的社会空间建立的（被称为本地同侪）。由于随机同侪间的关系往往以弱关系为主，而本地同侪间的关系通常以强关系为主，所以一般情况下个体对本地同侪具有更强的偏好（McPherson 等，2001；Watts 和 Strogatz，1998），个体对本地同侪也更加信任，也更加积极主动地向本地同侪寻求帮助（Berger，2014）。

由于社交网络上的社交关系既包括真实的社会关系在社交网络上的迁移（邓乔茜等，2015），也包括个体借助社交网络与他人建立的即时社交关系，所以社交网络中的强关系和弱关系体现得更为明显，通常不同的社交网络中嵌入的关系强度也有所不同。结合前文分析，如微信、Facebook 等以强关系为主，而微博、Twitter 等以弱关系为主。社交关系为社交网络情境下微观层面的个体采纳行为与宏观层面的新产品扩散之间建立联系提供了重要的桥梁和纽带，是实现宏观层面的新产品扩散的必要条件。

Rogers 等（2016）在创新扩散理论中指出，关系强度越强，同侪间的沟通越容易，产生的同侪影响力也越大，越有助于加快创新扩散，而关系越弱，则意味着同侪关系网络有更多的机会打开并暴露于外部影响中，为扩散在整个社会系统内进行铺平道路，由此关系强度的不同在新产品扩散中的作用也不同。Brown 和 Reingen（1987）的研究结果也表明尽管关系越强，同侪对消费者决策方面的影响力越大，然而在促进口碑在整个社会系统内进行传播方面，弱关系的作用反而更大。可见，实现新产品的成功扩散需要同时借助不同的社交网络平台或应用。

已有研究表明，关系越强，同侪影响对个体购买决策产生的影响越大，因为较强的关系强度传递了更强的情感支持、更高的信任以及更多的信息交换（Zhang 等，2018）。对于公开场合使用的新产品，其曝光率相对较高，因此个体也更容易接触到同侪正在采纳的新产品。又由于 PUL 所具有的炫耀性，个体在同侪面前分享该新产品信息的动机也较强，因为仅仅是谈论 PUL 也足以让个体感到"有面子"。结合前文分析，强关系同侪间更容易发生交互行为且较弱关系更频繁，由此本书认为对于 PUL，关系越强，个体的采纳意愿也越可能受来自同侪的信息影响。

同样对于 PUL，根据印象管理理论（Goffman，1959），在不熟悉的环境中，或者说在关系强度较弱的同侪人群中，个体进行印象管理的动机较强，因为人们想要被接受或获得同侪认可（Myers 等，2016）。但在强关系的同侪人群中，个体进行印象管理的动机就较弱，因为强关系同侪对个体已经很了解（Berger，2014）。根据符号自我完成理论（Symbolic Self-completion theory），自我定义不完整的个体往往倾向于通过获取并展示与身份相关的符号（如同侪赞成的新产品）来完善这一身份定义。由此，本书认为关系强度反向调节规范影响与采纳意愿的关系。

据此，本书提出如下研究假设：

H9a：对于 PUL，关系强度正向调节信息影响与采纳意愿的关系，关系强度越强，信息影响对采纳意愿的影响也越大，反之，则小；

H9b：对于 PUL，关系强度反向调节规范影响与采纳意愿的关系，关系强度越强，规范影响对采纳意愿的影响越小，反之，越大。

由于 PUN 几乎可以为每个人所拥有，而且因其在公开场合使用，往往具有较高的可见度和曝光率，所以个体考虑采纳新产品仅仅是为了获取新产品的功能价值，也即因客观需要而采纳。故而对于 PUN

的选择，个体更加依赖于信息来源的专业性和权威性（Park 和 Lessig，1977）以及信息质量（冯娇和姚钟，2015），而与同侪与个体的关系强弱无关。而且，PUN 的非排他性也难以体现个体的身份，因此对于 PUN，比较影响对采纳意愿的影响几乎不受关系强度的调节。同样，同侪也不太会关注个体用或不用 PUN，同侪之间的相互作用也几乎不会给予个体有关 PUN 采纳与否的压力，因此对于 PUN，规范影响对采纳意愿也几乎不受关系强度的调节作用。由于个体对 PUN 的采纳决策建立在理性之上，因此个体也很少会因被同侪对某一产品的情绪传染而进行感性决策。

对于 PRN 也同样如此，不管新产品是在私下场合使用还是在公开场合使用，个体采纳此类新产品的主要目的就是解决其面临的问题，如用食物解决生理需求和用基本的衣物解决安全需求。因此，对于此类新产品的采纳过程，个体更加依赖自己的理性判断，倾向于依据企业提供的信息或专业机构对新产品的科学评估而进行采纳决策。如刘玉琦等（2017）采用实验的方法论证了对于低炫耀性产品（等同于本书中的 PRN），不同的关系强度在影响个体与同侪互动的意愿方面并无差异。由于同侪互动是同侪影响产生的重要环节，因此对于 PRN，关系强度很可能不调节同侪影响的任一维度与采纳意愿的关系。

据此，本书提出如下假设：

H10a：对于 PUN，关系强度不调节信息影响与采纳意愿的关系；

H10b：对于 PUN，关系强度不调节规范影响与采纳意愿的关系；

H10c：对于 PUN，关系强度不调节比较影响与采纳意愿的关系；

H10d：对于 PUN，关系强度不调节情绪传染与采纳意愿的关系。

H11a：对于 PRN，关系强度不调节信息影响与采纳意愿的关系；

H11b：对于 PRN，关系强度不调节规范影响与采纳意愿的关系；

H11c：对于 PRN，关系强度不调节比较影响与采纳意愿的关系；

H11d：对于 PRN，关系强度不调节情绪传染与采纳意愿的关系。

对于PRL，虽然私下使用场合一定程度上掩盖了这类新产品在人群中的“可炫耀性”光芒，但PRL类新产品并不影响个体对“自我馈赠、自我愉悦、自我个性一致性”的追求（姜凌等，2009），而且这类新产品符合个体“关注自我”的个体导向。由于“自我”建立在个体与他人特别是同侪的比较之上，如通过强关系同侪（如兄弟姐妹、密友）塑造“现实自我”，通过弱关系同侪（如明星、偶像）塑造“理想自我”，所以比较影响对个体新产品采纳决策的影响也不可避免地会受到关系强度的调节作用，而且在强关系和弱关系的关系强度下，比较影响所起的作用也最强。

情绪传染也是如此，因为个体考虑选择此类新产品的重要原因就是此类产品所具有的享乐性（卢长宝等，2013），或者说此类新产品能够给个体带来的愉悦体验，因此个体的新产品采纳决策过程也更容易受个体的情绪状态影响。由于强关系同侪因彼此间关系密切而更容易做到情绪共享（Berger，2014），对于明星、偶像等弱关系同侪，由于个体对他们的崇拜，也更容易因他们的喜怒哀乐而高兴或悲伤，而且社交网络的广泛使用也为个体密切关注或感知他们所崇拜的偶像的情绪创造了条件。因此在强关系和弱关系的关系强度下，比较影响对采纳意愿的影响也可能会高于中等强度的关系强度。

据此，本书提出如下研究假设：

H12a：对于PRL，关系强度调节比较影响与采纳意愿的关系，随着关系强度逐渐增强，比较影响与采纳意愿的关系呈正“U”形的曲线关系；

H12b：对于PRL，关系强度调节情绪传染与采纳意愿的关系，随着关系强度逐渐增强，情绪传染与采纳意愿的关系呈正“U”形的曲线关系。

社交网络情境下同侪影响与新产品扩散的关系研究

Chapter 6

第六章　研究设计与实证结果讨论

本章主要在第四章同侪影响量表开发和第五章模型构建和研究假设提出的基础上，使用多层回归分析法对变量间的关系进行定量分析。本章首先阐述问卷设计过程、构成内容和相关题项的来源，并进行问卷发放和回收；其次，对各变量进行信效度分析，并在此基础上进行对变量间的关系进行多层回归分析；最后，对本书的研究结果进行分析和讨论。

第一节　问卷设计与发放

本节基于第五章构建的概念模型，采用第四章开发的新产品扩散视域下的同侪影响量表以及已有研究中使用的关系强度和采纳意愿的成熟量表，经过一系列的步骤形成最终问卷并展开调研。

一、问卷的内容设计

为了引起被调研者的重视和兴趣，本书在问卷的开头设计了一段简短的说明，主要介绍本次问卷的调研目的、保密声明以及调研单位（Dillman，1978）。为了被调研者对“同侪”一词有更清楚和明确的理解，与第四章同侪影响量表开发的说明相同，本书使用与“同侪”意思相同但更易被调研对象理解的“社交网络好友”替代“同侪”，并在说明后对该“好友”进行解释，即“好友是你认为和你比较相似的社交网络上的那些人，这些人可以是微信、QQ 中的好友，可以是小米社群、学术交流群中的其他成员，可以是王者荣耀、绝地求生的玩伴，也可以是来自淘宝评论区、亚马孙顾客社区中的其他消费者”。

调研问卷共包括三部分：第一部分为对调节变量产品类型的调查和对调节变量关系强度的测量。为凸显产品类型的调节作用，问卷提供了 8 种不同类型的新产品（其中 PRN、PRL、PUN 和 PUL 各两种）供调研对象选择，对此本书设计的题项为“请从下列选项中选一款您打算采用的新产品”，可供选择的产品分别是新款牙刷和新材质床单（PRN）、新款高端空气净化器和新款国际名牌护肤品（PRL）、新款普通背包和价格一般的新款手机（PUN）以及新款名牌包和新款名牌表（PUL）。对于关系强度的测量，本书根据调研目的，在关系强度的量表前增加了一段描述即“针对您选择的这款新产品，请您对您与好友的关系强度进行描述”。对于关系强度的测量，本书采用了 De Bruyn 和 Lilien（2008）、Frenzen 和 Dabis（1990）、Wang 等（2012）使用的成熟量表。第二部分为对同侪影响四个维度和采纳意愿的测量，同侪影响四个维度的测量量表为前文开发的量表，采纳意愿的测量量表借鉴了 Dodds（1992）、宋艳等（2012）采用的采纳意愿的成熟量表。对于问卷中的所有题项，本书采用 5-Likert 测量模式（“1”代表非常不同意，“5”代表非常同意），各变量的测量题项见附录 3。第三部分为调研对象的基本信息，包括性别、年龄、受教育程度和平均月收入，由于调研对象基本信息这一变量可能会影响个体的新产品采纳意愿，在后续的回归分析中，本书将这些变量作为研究的控制变量并转化为虚拟变量后再对数据进行分析。

二、问卷发放、回收和整理

为保证问卷的数据质量和样本的有效性，本书问卷发放采用社交网络发放和现场发放两种途径。对于社交网络渠道，主要以微博、微信和 QQ 为发放途径，通过电子问卷对调研对象进行调研，请其填写问卷并将问卷转发给可接触到的朋友、同学或同事等，依次继续传递，从而形成滚雪球式的问卷传递和填写。为激励并感谢调研对象，研究团队在调研对象问卷填写结束后，给予每人一次 1—2 元的现金抽奖机会。对于现场发放途径，本书选择人口密集的火车站、快餐厅、大型超市门口，向被调研者说明调研目的和内容后，赠送被调研者一个钥匙挂件以表谢意，并请其填写本次问卷。

本次调研的数据搜集工作开始于2019年1月27日，结束于2月26日，历时1个月。对于回收的问卷，我们进行了严格的筛选，将漏选、多选的问卷，题项得分通篇一致或题项得分仅有2种的问卷以及作答时间明显较短的问卷剔除。经统计，本次共发放问卷1013份，其中回收有效问卷共700份，有效回收率为68.0%。调研样本的基本信息见表6－1。

表6－1　样本基本信息表

样本特征		样本数	占比
性别	男	504	49.8
	女	509	50.2
年龄	18岁以下	32	3.2
	18—35岁	802	79.2
	35岁以上	179	17.7
受教育程度	高中及以下	112	11.1
	大专及本科	786	77.6
	研究生及以上	115	11.4
月均收入	3000元以下	264	26.1
	3000—5000元	277	27.3
	5000元以上	471	46.5

资料来源：作者整理。

第二节　数据分析

为保证测量量表的可靠性和有效性，本书基于收集的数据对各变量进行了信效度分析，并在确证信效度达到标准后，进一步采用多层回归分析法对变量间的关系进行定量分析。

一、信效度检验

本书对所有变量进行了信效度分析，根据罗胜强和姜嬿（2014）

的《管理学问卷调查方法》，选择克朗巴哈系数（Cronbach α）、组合信度（CR）和平均方差析出量（AVE）三个指标来检验各变量的信度，通过各题项的因子载荷考察各变量的聚合效度，通过 AVE 的平方根是否大于该变量与其他变量相关系数考察变量间的区别效度，结果如表 6－2 所示。

表 6－2　各变量的 Cronbach α、CR、AVE 和各题项的因子载荷

变量		题项	因子载荷	Cronbach α	CR	AVE
同侪影响 Cronbach α＝0.91 KMO＝0.93 Bartlett 的卡方值＝4518.29 Df＝91 P＝0.000	规范影响	NI1	0.70	0.83	0.83	0.55
		NI2	0.71			
		NI3	0.79			
		NI4	0.77			
	信息影响	II1	0.67	0.74	0.74	0.49
		II2	0.73			
		II3	0.69			
	比较影响	CI1	0.76	0.85	0.86	0.60
		CI2	0.79			
		CI3	0.71			
		CI4	0.82			
	情绪传染	EC1	0.63	0.76	0.77	0.53
		EC2	0.77			
		EC3	0.76			
关系强度		TR1	0.60	0.79	0.79	0.50
		TR2	0.63			
		TR3	0.81			
		TR4	0.76			
采纳意愿		AI1	0.77	0.78	0.78	0.55
		AI2	0.73			
		AI3	0.73			

资料来源：作者整理。

注：TR1、TR2、TR3 和 TR4 分别代表关系强度的四个题项；AI1、AI2 和 AI3 分别代表采纳意愿的三个题项。

由该表可知，同侪影响的克朗巴哈系数为 0.91，巴特球形检验 KMO 为 0.93，显著性水平 P 为 0.000，说明适合对同侪影响进行因子分析。同时同侪影响四个维度、关系强度和采纳意愿的组合信度 CR 为 0.74—0.83，大于临界值 0.60，平均方差析出量 AVE 为 0.49—0.60，也就是说除信息影响略低之外，其余变量均达到了

0.50的临界标准，因此总体而言，各变量具有良好的信度。并且对于任一变量，其各题项的因子载荷均大于0.50，说明各变量具有良好的收敛效度。

表6-3　各变量的区别效度检验结果

变量	规范影响	信息影响	比较影响	情绪传染	采纳意愿	关系强度
规范影响	**0.742**	0.494**	0.670**	0.580**	0.481**	0.389**
信息影响	0.494**	**0.700**	0.458**	0.494**	0.509**	0.482**
比较影响	0.670**	0.458**	**0.775**	0.617**	0.558**	0.446**
情绪传染	0.580**	0.494**	0.617**	**0.728**	0.544**	0.494**
采纳意愿	0.481**	0.509**	0.558**	0.544**	**0.707**	0.580**
关系强度	0.389**	0.482**	0.446**	0.494**	0.580**	**0.724**

资料来源：作者整理。

注：①粗体为AVE的平方根。②**表示在0.01的水平上显著。

由表6-3知，各变量AVE的平方根均大于该变量与其他变量的相关系数，说明变量间具有较好的区别效度。

基于以上分析，各变量既具有较好的信度，同时又具有良好的收敛效度，而且各变量间具有良好的区别效度。即本书采用的量表具有良好的信效度。

二、多层回归分析

本书运用SPSS22.0软件采用多层回归分析法检验研究假设以及概念模型的合理性和有效性，为了避免变量间的多重共线性问题，本书在进行回归分析前对各变量作了中心化处理。

（一）同侪影响各维度与采纳意愿的关系分析

在M1（即模型1）中仅放入控制变量如：性别、年龄、受教育程度和月均收入，在M2（即模型2）中加入自变量即同侪影响的四个维度——规范影响、信息影响、比较影响和情绪传染，得到采纳意愿对控制变量和同侪意愿四维度的回归结果如表6-4。

表 6－4　　采纳意愿对同侪影响的回归分析结果

变量	M1	M2
性别	－0.247***	－0.127***
年龄	－0.129**	－0.068*
受教育程度	－0.006	0.008
月均收入	－0.190***	－0.083**
NI		0.050
II		0.244***
CI		0.254***
EC		0.222***
Model R^2	0.1	0.472
ΔR^2	0.1***	0.372***
ΔF	19.306***	121.523***

资料来源：作者整理。

注：*表示在 0.05 的水平上显著；**表示在 0.01 的水平上显著；***表示在 0.001 的水平上显著。

由该表知，在 M1 中，除受教育程度外，其余三个控制变量均显著影响采纳意愿，可见，本书将调研对象的个人基本信息作为控制变量在回归分析中加以控制是合理的。在 M2 中，除规范影响对采纳意愿的影响不显著之外，信息影响、比较影响和情绪传染均显著影响采纳意愿，由此 H2 不成立，H1、H3 和 H4 均得到了支持。

（二）产品类型的调节效应分析

调节变量产品类型为类别变量，因此本书对产品类型的调节效应分析可采用分组回归分析法。若各组的回归系数差异显著，则调节效应显著，否则无调节效应（温忠麟等，2005）。本书在使用 SPSS22.0 分别进行采纳意愿对控制变量的回归分析以及采纳意愿对控制变量和自变量的回归分析时，首先按产品类型的取值（如“1”＝“PRN”）对数据进行分组，由此以产品类型为调节变量的分组回归分析结果如表 6－5。

表 6－5　　以产品类型为调节变量的分组回归分析结果

	PRN		PRL		PUN		PUL	
	M1	M2	M1	M2	M1	M2	M1	M2
性别	-0.28***	-0.11	-0.21**	-0.14*	-0.25**	-0.09	-0.21**	-0.09
年龄	-0.20**	-0.12*	-0.14	-0.09	-0.04	0.01	-0.10	-0.07
教育程度	-0.01	0.03	-0.01	0.05	0.04	0.03	0.07	-0.03
月均收入	-0.26*	-0.11	-0.30	-0.16*	-0.03	0.03	-0.19*	-0.10
NI		-0.06		-0.09		0.16*		0.18*
II		0.36***		0.19*		0.30***		0.14*
CI		0.28**		0.33***		0.25**		0.23**
EC		0.21*		0.22**		0.18*		0.21**
Model R^2	0.13	0.57	0.13	0.39	0.06	0.51	0.09	0.45
ΔR^2	0.13***	0.44***	0.13***	0.26***	0.06*	0.45***	0.09**	0.36***
ΔF	6.34***	41.43***	6.51***	17.92***	2.67*	36.02***	4.58**	28.62***

资料来源：作者整理。

注：* 表示在 0.05 的水平上显著；** 表示在 0.01 的水平上显著；*** 表示在 0.001 的水平上显著。

为了检验产品类型的调节作用是否显著，遵循 Cohen（1983）等人的建议，需要首先判断两组回归系数的差异是否显著，判断两组回归系数差异是否显著的 t 检验公式为：

$$t = \frac{b_{\mathrm{I}} - b_{\mathrm{II}}}{\sqrt{\frac{SSE_{\mathrm{I}} + SSE_{\mathrm{II}}}{n_{\mathrm{I}} + n_{\mathrm{II}} - 4} \cdot \frac{SS_{\mathrm{I}} + SS_{\mathrm{II}}}{SS_{\mathrm{I}} \cdot SS_{\mathrm{II}}}}}$$

b_{I}、b_{II}分别是因变量 Y 对自变量 X 在两组中的回归系数，SSE_{I}、SSE_{II}分别是 Y 对 X 的回归在两组中的残差平方和，SS_{I}、SS_{II}分别是 Y 对 X 的回归在两组中的离均差平方和（温忠麟，2006），如果所得 t 值显著，则调节效应显著。根据 SPSS22.0 的分组回归分析结果，不同产品类型的样本量、残差平方和、离均差平方和如表 6 - 6 所示。

表 6 - 6　不同产品类型的样本量、残差平方和、离均差平方和

	PRN	PRL	PUN	PUL
n	172	175	165	188
SSE	42.714	37.068	26.328	43.621
SS	999.222	61.206	54.03	78.678

资料来源：作者整理。

根据 t 检验公式，将四种产品类型进行两两比较，所得结果见表 6 - 7。

表 6 - 7　调节效应的检验结果

变量	PRL/PRN	PRN/PUN	PRN/PUL	PRL/PUN	PRL/PUL	PUN/PUL
NI	13.007	-3.569	-4.283	-12.986	-13.279	-0.253
II	2.724	1.038	3.867	-1.32	0.619	1.985
CI	-0.693	0.535	0.971	0.962	1.238	0.278
EC	-0.173	0.503	-0.035	0.53	0.111	-0.43

资料来源：作者整理。

根据 T 检验临界值表，当自由度为 117 时，显著性水平为 0.05 的 T 值为 1.98，即在本书中，两组间的回归系数差异的 T 值大于

1.98 时，则产品类型的调节效应显著，据此，结合表 6－7 可知，产品类型调节规范影响和信息影响对采纳意愿的作用。同时结合表 6－5，则对于公开场合使用的新产品，规范影响显著影响采纳意愿，即本书的研究假设 H5b 和 H7b 成立，而且研究结果还进一步表明与 PUN 相比，规范影响对个体 PUL 类新产品采纳意愿的影响更大。但对于私下使用的新产品，规范影响并不对采纳意愿产生影响，即本书的研究假设 H6b 和 H8b 成立。由此，规范影响作用的发挥取决于新产品的可见性即使用场合为公开还是私下。再次结合表 6－7 发现，在 PRL 和 PRN 之间、PRN 和 PUL 之间、PUN 和 PUL 之间，信息影响对采纳意愿的影响均存在显著差异，由于这三组类型的新产品都是必需品和奢侈品之间的比较，所以该结果说明信息影响对采纳意愿的影响强弱取决于新产品的排他性。进一步结合表 6－5，信息影响对任一类型的新产品采纳意愿均有显著影响，由此本书的研究假设 H5a、H6a、H7a 和 H8a 成立，而且信息影响对个体必需品采纳意愿的影响明显高于对奢侈品的影响。根据表 6－7，虽然产品类型并不调节比较影响与采纳意愿的关系，也不调节情绪传染与采纳意愿的关系，但根据表 6－5，对于四种类型的新产品，比较影响和情绪传染均显著影响采纳意愿，由此本书的研究假设 H5c、H5d、H6c、H6d、H7c、H7d、H8c 和 H8d 均成立。

（三）关系强度的调节效应分析

由于关系强度为连续变量，因此本书在以产品类型为依据进行分组的基础上进一步检验，在不同的产品类型下，关系强度对同侪影响各维度与采纳意愿关系的调节作用。由此，根据罗胜强和姜嬿（2014）的《管理学问卷调查方法》，本书在对数据进行分组的基础上采用多层回归分析法检验关系强度的调节作用。根据温忠麟等（2005）提出的调节效应分析方法，首先做因变量对自变量的回归，得测定系数 R_1^2，再做因变量对自变量和自变量与调节变量交互项的回归，得测定系数 R_2^2，若 R_2^2 显著高于 R_1^2，则调节效应显著。鉴于在前文的回归分析中已经对自变量和因变量进行了中心化处理，因此本书在此只需对关系强度进行中心化处理，然后再利用 SPSS22.0 进行多层回归分析。根据温忠麟等（2005），本书在考虑自变量与调节变量的交互效应之外，还可以考虑高阶交互效应项（如 X^2M，表示曲线回归的调节）。本书对关系强度的线性调节效应和非线性调节效应的检验结果如表 6-8、表 6-9。

根据表 6-8，在关系强度的线性调节效应中，对于公开使用的奢侈品（PUL），关系强度正向调节信息影响与采纳意愿的关系，即关系强度越强，信息影响对采纳意愿影响越大，反之越小，即本书的研究假设 H9a 成立；但规范影响对采纳意愿的影响并不受关系强度的调节，即本书的研究假设 H9b 不成立。根据表 6-9，在关系强度的非线性调节效应中，对于私下使用的必需品（PRN），关系强度正向调节规范影响的平方与采纳意愿的关系，即随着关系强度的变化，规范影响与采纳意愿呈正“U”形关系，由此本书的研究假设 H11b 不成立，负向调节信息影响的平方与采纳意愿的关系，即随着关系强度的变化，信息影响与采纳意愿呈倒“U”形关系，由此本书的研究假设 H11a 不成立，而对于比较影响、情绪传染的平方与采纳意愿的关系，同侪间的关系强度并不具有调节效应，由此本书的研究假设 H11c 和 H11d 均成立；对于私下使用的奢侈品（PRL），关系强度正向调节比较影响的平方、情绪传染的平方与采纳意愿的关系，即随着关系强度的变化，比较影响和情绪传染均与采纳意愿呈正“U”形的曲线关系，由此本书的研究假设 H12a 和 H12b 均成立，而且对于公开场合使用的必需品（PUN），关系强度既不具有线性调节效应，也不具有非线性调节效应，由此本书的研究假设 H10a、H10b、H10c 和 H10d 均成立。

表 6-8　关系强度的线性调节效应

	PRN			PRL			PUN			PUL		
	M1	M2	M3	M1	M2	M3	M1	M2	M3	M1	M2	M3
性别	-0.28***	-0.08	-0.09	-0.2**	-0.05	-0.04	-0.25**	-0.06	-0.05	-0.21**	-0.06	-0.04
年龄	-0.2**	-0.11*	-0.11*	-0.14	-0.1	-0.1	-0.04	0.01	0.01	-0.09	-0.09	-0.1
教育程度	-0.02	0.02	0.01	0	0.05	0.06	0.04	0.03	0.04	0.01	-0.04	-0.05
月均收入	-0.26**	-0.09	-0.09	-0.3***	-0.15*	-0.15*	-0.03	0.05	0.05	-0.19*	-0.06	-0.06
NI		-0.03	-0.01		-0.08	-0.09		0.18*	0.17*		0.12	0.11
II		0.26**	0.23**		0.08	0.08		0.26***	0.27***		0.11	0.15*
CI		0.26**	0.26**		0.25**	0.28**		0.21**	0.2*		0.18*	0.16*
EC		0.09	0.09		0.16*	0.17*		0.15*	0.16*		0.16*	0.16*
TR		0.28***	0.26**		0.38***	0.37***		0.14*	0.16*		0.33***	0.34***
NI * TR			0.02			0.03			0			-0.08
II * TR			-0.06			-0.01			0.07			0.17*
CI * TR			0.09			-0.05			0.03			-0.02
EC * TR			-0.13			-0.04			-0.04			-0.01
Model R^2	0.13	0.61	0.62	0.13	0.49	0.49	0.06	0.53	0.53	0.09	0.52	0.54
ΔR^2	0.13***	0.48***	0.01	0.13***	0.36***	0	0.06*	0.46**	0.01	0.09**	0.43***	0.02
ΔF	6.34***	39.82***	0.84	6.51***	23.16***	0.31	2.67*	30.21**	0.43	4.58**	32.24***	2.01

资料来源：作者整理。

注：①NI * TR、II * TR、CI * TR 和 EC * TR 分别表示情绪传染、比较影响、信息影响、规范影响与关系强度的交互项。② * 表示在 0.05 的水平上显著；** 表示在 0.01 的水平上显著；*** 表示在 0.001 的水平上显著。

表 6－9 关系强度的非线性调节效应

	PRN			PRL			PUN			PUL		
	M1	M2	M3	M1	M2	M3	M1	M2	M3	M1	M2	M3
性别	−0.28***	−0.08	−0.07	−0.2**	−0.05	−0.08	−0.25**	−0.06	−0.06	−0.21**	−0.06	−0.05
年龄	−0.2**	−0.11*	−0.1	−0.14	−0.1	−0.1	−0.04	0.01	−0.01	−0.09	−0.09	−0.1
教育程度	−0.01	0.02	0.02	0	0.05	0.06	0.04	0.03	0.02	0.01	−0.04	−0.05
月均收入	−0.26**	−0.09	−0.07	−0.3***	−0.15*	−0.14*	−0.03	0.05	0.05	−0.19*	−0.06	−0.05
NI		−0.03	−0.04		−0.08	−0.1		0.18*	0.17*		0.12	0.11
II		0.26**	0.46***		0.08	0.25		0.26***	0.18		0.11	−0.02
CI		0.26**	0.26**		0.25**	0.29**		0.21**	0.22**		0.18*	0.16*
EC		0.09**	0.12		0.16*	0.13		0.15*	0.15*		0.16*	0.16
TR		0.28***	0.22**		0.38***	0.33***		0.14*	0.12		0.33***	0.35***
ECsq * TR			0.08			0.15**			0.01			−0.03
CIsq * TR			−0.05			0.15*			0.07			0.04
IIsq * TR			−0.23*			−0.18			0.08			0.15
NIsq * TR			0.15*			−0.06			0.07			−0.04
Model R^2	0.13	0.61	0.64	0.13	0.49	0.53	0.06	0.53	0.54	0.09	0.52	0.53
ΔR^2	0.13***	0.48***	0.03*	0.13***	0.36***	0.04*	0.06*	0.46***	0.02	0.09**	0.43***	0.01
ΔF	6.34***	39.82***	2.83*	6.51***	23.16***	3.14*	2.67*	30.21***	1.25	4.58**	32.24***	0.6

资料来源：作者整理。

注：①ECsq * TR、CIsq * TR、IIsq * TR 和 NIsq * TR 分别表示情绪传染的平方、比较影响的平方、信息影响的平方、规范影响的平方与关系强度的交互项。② * 表示在 0.05 的水平上显著；** 表示在 0.01 的水平上显著；*** 表示在 0.001 的水平上显著。

第三节　实证结果分析

本节主要结合相关理论和现实社会现象对回归分析结果进行讨论和分析。

一、同侪影响各维度影响采纳意愿的结果分析

当不考虑调节变量时，实证结果发现除规范影响不影响用户的新产品采纳意愿之外，同侪影响的另外三个维度——信息影响、比较影响和情绪传染，均对采纳意愿有显著影响。这说明当今社会，个体不再因为功利性目的采纳新产品，而是更看重减少不确定性风险和对满足自我追求（包括“现实自我”和“理想自我”），而且由此可见，社交网络情境下情绪传染的作用也开始凸显。本书认为产生这一结果的原因主要有以下几点。

首先，改革开放以来，随着西方城市规划理念在中国的大量应用，中国社会开始从“熟人社会”逐渐过渡到“生人社会”（卢衍衡和钱俊希，2019）。人们之间的联系不再紧密，甚至冷漠，在现实社会中，邻里社区甚至对门之间也很少来往（雷丽，2019）。根据社会交换理论（social exchange theory），人们之所以会对他人如同侪表现出公开的顺从，即受规范影响影响，主要源于其可从对同侪的顺从中获得期望的报酬。在“熟人社会”里，人们之间以血缘、地缘等关系为纽带从而形成社会规范，一旦个体违反这一规范，就会受到周围人的指责，被人瞧不起，甚至从此在这一“熟人社会”中再无立锥之地。然而，在“生人社会”中，人们可能来自五湖四海，即便是同侪，大家也是各行其是，而无须太在意或看重同侪对自身的看法或态度，因此个体感知到的同侪压力相对较小，进而产生的被接纳和认

同动机也相对较弱。所以，在这样的社会环境中，个体几乎不再迫于同侪压力而采纳新产品，因此规范影响也并几乎不对采纳意愿产生影响。同侪之间的可比性反而说明同侪能为个体提供更具价值的参考信息，根据不确定减少理论（Berger 和 Calabrese，1974），当用户面对具有不确定性和潜在损失风险的新产品时，会寻求获得充分的信息以获得心理上的相对确定感。由于一个新产品的信息往往来自同侪，特别是同侪对新产品的主观评价（Rogers 等，2016）以及同侪的新产品使用经历，信息影响对用户的新产品采纳意愿作用显著。

其次，以 Web2.0 为技术支撑、允许用户自主创建内容的社交网络的广泛使用改变了个体之间的交互环境。社交网络出现之前，人际交互如同侪间的社交互动仅限于亲朋好友、同事邻里，社交网络出现并被广泛使用之后，同侪之间的交互可跨越地域、阶层的局限，在由社交网络搭建的虚拟“物理空间”中更加广泛、自由地进行（隋岩，2018）。由于社交网络环境的虚拟性，近距离面对面沟通的缺失，个体脱离现实“物理空间”的束缚，在虚拟的“物理空间”中率性而为、畅所欲言、直抒胸臆乃至于宣泄情绪。只要不违反法律、法规，个体就可以不受任何价值准则或意识形态的强制性约束（隋岩和罗瑜，2016），由此社交网络的虚拟性同时也营造了个体逃避社会舆论压力乃至同侪压力的环境。具体到新产品扩散情境下，在社交网络情境下，人们已习惯于在由社交网络搭建的虚拟环境中互动（隋岩，2018），因此在新产品的决策过程中，同侪压力以及由同侪压力形成的规范影响对用户新产品采纳意愿的作用也相对减弱甚至消失。

由于 UGC（用户创建内容）和 CGM（消费者生产的媒体）是社交网络的两个关键词（隋岩和曹飞，2012），这说明创建内容并参与传播、建立关系并分享内容是个体使用社交网络的主要行为，如个体通过微博发布或寻找信息、通过在线评论区发布自己对某产品的评价、通过 QQ 群组或微信群讨论沟通交流等。“你见或不见我，我就在那里”，可以说我们都已不可避免地被卷入了由社交网络构建的

"物理空间"中，并在有意识或无意识地接受或传播信息。截至2018年12月，中国的网民规模已达8.29亿，可以说在这一客观现实环境下，用户在新产品采纳决策过程中很难不受到网络环境下其他个体的信息影响，尤其是依托社交网络（如在线评论区、论坛等）与用户建立关系的同侪的影响，因为同侪比一般他人提供的信息更具参考价值，从而对个体新产品采纳意愿的影响也更大。

正如传播学教授Joseph Walther所说："社交网络情境下个体像打了兴奋剂一样地进行印象管理。"（Rosenbloom，2008）借助社交网络，个体可以通过微信、微博、视频软件等向社交网络好友展示自我，"晒"生活、"炫"名牌、"秀"恩爱。可以说社交网络为人们提供了表演的舞台，而依托社交网络建立的各种社交关系则为这场表演带来了观众（隋岩，2018）。由于"Show"（"晒""炫""秀"）行为是个体主动、有意识、有目的地产生的行为，所以表演、展示的背后事实上是个体对"现实自我"的呈现以及对"理想自我"的追求，而且点赞、评论和转发功能促进了个体"Show"的欲望，因为他人特别是同侪的点赞或评论能够加深个体对"现实自我"的自我认同以及对"理想自我"的身份建立，这进一步影响个体的行为决策过程。鉴于相对优势是新产品的认知属性之一，它可以是经济利润或社会地位等方面的（Rogers等，2016），所以用户采纳新产品除获得经济利润之外，用新产品体现自身的社会地位也是其追求的目标。又因为社交网络环境中被同侪好友的点赞等行为强化的"现实自我"与"理想自我"源于个体与同侪的比较结果，这在一定程度上解释了比较影响影响采纳意愿的原因。

由于情绪具有内在的传染性（Hogg等，2011），所以不管是"熟人社会"还是"生人社会"，不管是"传统的交互环境"还是"社交网络交互环境"，人们都不可避免地会受到来自他人的情绪传染。尤其对于彼此间相似的同侪，个体更容易对同侪的情绪感同身受，或者说同侪情绪更易唤起个体相似的情绪反应，从而影响个体的行为决策（李宏和刘菲菲，2019），因此用户的新产品采纳意愿也会不可避免地会受到来自同侪的情绪传染影响。但不可否认的是，社交网络的出现和广泛使用促进了情绪在同侪间的传染，加剧了情绪的传染力。一方面，基于社交网络的信息传播具有即时性、碎片化特征，即时性于无形中逼迫个体迅速做出反应，碎片化使得个体很难不做出片面、粗糙的反应，这使得个体的感性多于理性，并通过情绪体现出来；另一方面，个体在借助社交网络进行交互时，可以使用文本、图像、表情、小视频等比单一文字更生动直观的符号，这更易于情绪的传播（隋岩，2018）。由此，社交网络使得情绪在同侪间进行传播变得更加容易且广泛，这事实上增加了个体的新产品采纳意愿受同侪情绪传染影响的概率。

最后，追求个性化是社会进步的表现。当人类还处于农业社会历史阶段时，生产产能相对不足，生产者在买卖双方的市场博弈中占优势地位（隋岩和曹飞，2012），个体没有条件追求个性。20 世纪后期以后，人类开始步入后工业化时代，具有组织化、规模化特征的社会化大生产转变了生产者和消费者双方的主体地位，个体有权利选择自己喜欢的产品、有条件定制个性化的产品或服务，追求个性化的思想开始弥漫，对个性化的承认和包容已成为社会的主旋律（张康之，2017）。在这个追求个性化、社会富足的时代，“自我实现”开始在人们的各项需求中占据优势地位（潘承斌和梁育民，2012），“自我实现”是指个体成为希望自己想象中的样子或成为自己期望的样子，事实上这是个体对“理想自我”的追求，“理想自我”由个体与自己所渴望或崇拜的同侪（如榜样、偶像、原型）进行比较而构建，由此个性化时代，个体仍离不开来自同侪的比较影响。用户的新产品采纳决策过程也是同样，因此比较影响会影响采纳意愿。

而且，物换星移，岁月流转。“80 后”“90 后”已成为中国的生产和消费主力军。“80 后”有鲜明的自主独立意识和多元价值取向（李华松，2008），“90 后”个性鲜明张扬、乐于自我表现、去大众化（崔景贵，2008）。显然，“80后”“90后”共同的标签就是个性化（陈驰茵等，2015）。或者说“80后”“90后”的“个性化”追求成就了这个时代的“个性化”。而反观他们的父母一代，他们年轻时可以是清一色的宝蓝色，若有异于同侪、穿紧身裤上街，往往会被好奇地讨论，若有男生留十几厘米的头发也会被认为流里流气，若是剃光头则有可能被当作劳改犯（潘承斌和梁育民，2012）。在那个时代，父辈们的行为举止都承受着时代的约束，更确切地说是同侪的约束，在同侪影响的作用下，他们小心谨慎地从事着同侪期望的行为，个性受到压抑。不同于父母一代，“80后”“90后”追求自我、张扬个性，更何况这个时代对“追求个性化”本就是一种承认和包容的态度，所以个体的言行举止不必再受来自同侪的规范影响的约束，能够率性而为。这也在一定程度上解释了用户新产品采纳意愿不受规范影响作用的原因。

二、产品类型调节作用下的回归结果分析

产品类型调节同侪影响四个维度对采纳意愿的影响。对于公开使用的奢侈品和公开使用的必需品，同侪影响的四个维度对采纳意愿均有显著影响；对于私下使用的奢侈品和私下使用的必需品，规范影响均不对采纳意愿产生影响，而其他三个维度对采纳意愿影响显著。简单地说，规范影响对新产品采纳意愿的影响与产品使用场合有关。当新产品在公开场合使用、可见度高时，规范影响影响用户的新产品采纳意愿，但当新产品在私下场合使用、可见度低时，规范影响并不对用户的新产品采纳意愿产生影响，也就是说规范影响作用的发挥取决于新产品使用场合的公开与否。并且研究结果还发现对于公开使用的新产品，规范影响对奢侈型新产品采纳意愿的作用大于必需型新产品。

“当新产品为公开场合使用的产品时，规范影响对新产品采纳意

愿有显著影响；当新产品为私下使用的产品时，规范影响的作用消失”，对于这一结果，本书认为这应该与中国人的“面子文化”有关。鲁迅先生曾说“面子就是中国人的精神纲领”，林语堂在《吾国与吾民》中也说道：“脸面触及到了中国人社会心理最微妙奇异之点。”可以说“面子”观念已在中国人心中根深蒂固，成了中国人心中最敏感、最柔软的点。“面子”普遍被学术界认同为中国文化体系中重要的核心变量之一（金辉等，2019）。尽管目前对“面子”一词尚无统一的概念界定，但其社会价值却得到了普遍认可，即“面子”可以使个体获得友谊等社会资源、敬重等社会声望和社会尊重，享受特殊权利以及给个体带来自我肯定如自信（潘煜等，2014）。而“面子”的社会价值则源于个体所拥有的“社会尊严或公众形象”（金辉等，2019），因此公开或公众场合更易凸显个体的“面子”意识（施卓敏和郑婉怡，2017）。根据规范激活理论（Norm activation）（Schwartz，1977），当面子意识被唤醒时，个体希望被他人尤其是同侪积极看待，因为同侪被认为对个体施加的压力更大（Schwartz，1977），所以在此情景下个体就会去感知同侪间规范的存在，可能是从同侪的典型行为中感知，也可能是从同侪对事物、行为赞成或肯定的态度中感知（Ajzen，1991），从而规避“丢面子”或“没面子”带来的心理上的惩罚如羞耻感，获得由“面子”带来的心理上的奖励如自豪感，而且这种心理奖惩往往对个体影响更大（龙晓枫等，2016）。因此，在新产品采纳情境下，当个体采纳的新产品是在公开场合使用时，这也意味着其所使用的新产品会涉及个体的“面子”问题，因此为了获得面子或保护面子，个体也将从同侪的新产品采纳行为中，或从同侪对新产品的态度或行为反应中感知同侪中存在的规范，从而遵从规范，并导致其自身对新产品的态度或行为发生变化，进而做出采纳新产品的决策。因此，对于公开场合使用的新产品，规范影响对新产品采纳意愿具有显著影响。

同时，根据印象管理理论（Myers 等，2016），世界就是一个大舞台，作为一种社会性动物，我们总是在向周围的观众表演，并调整自己的言语和行为以适应观众，从而让他人以自己期望的样子来看待自己。新产品在公开场合使用刚好为用户提供了一个自我展示和进行印象管理的机会，因此用户为维护自我形象，获得同侪的接纳和认可会遵从规范并调整自己的言行以适应同侪。但当新产品为私下场合使用时，用户可以不必再表演，整个新产品采纳决策过程只需要基于自己内心的信念或喜好，而不是根据同侪期望或态度行事，所以此时规范影响对用户新产品采纳的作用力也相应消失。而且这一结论也与段锦云等（2014）的心理学实验结果基本一致，段锦云等（2014）研究发现，给被试贴上正面标签，在公共场合，被贴上正面标签的被试为维护自我的良好形象，会尽可能多地采纳他人建议，但在非公开场合，被试并不会因自己被贴正面标签而尽可能多地采纳他人建议。由此，用户的新产品采纳意愿是否受规范影响作用取决于新产品的使用场合是否公开。这一结果事实上并非偶然，而是有其心理学根源的，尽管人们内心深处渴望按自己的信念或喜好行事，但是当个体的这一愿望与具有社会属性的利益相遇时，作为社会人，人们还是会优先选择追求具有社会属性的利益，如接纳和认可。由此也可窥见，为什么国家治理要“德治和法治两手都要抓，两手都要硬”，因为德治源于个体基于道德规范进行的自我管理和约束，在公开场合对个体具有较强的约束力，但在私下或非公开场合，道德规范的约束力就会相对减弱，这时则需要法律来发挥相应的规范作用，从而通过法律的手段对个体行为进行约束。

“相对于新产品为公开场合使用的必需品而言，新产品为公开场合使用的奢侈品时，规范影响对采纳意愿的影响更大”，对于这一结果，早在20世纪末，很多学者就质疑：“为什么中国消费者在收入水平不高的情况下，对奢侈品还趋之若鹜呢?”（Wong 和 Ahuvia，1998）Zhou 和 Nakamoto（2000）、卢晓（2009）等学者的研究发现，中国人追求奢侈品尤其是公开场合使用的奢侈品的主要动因可能是前文所述的“面子观”。而且有关“奢侈品消费行为”的研究也表明购买公众可见的产品或名牌产品有助于消费者向其他消费者（与个体购买偏好相似因此是同侪）显示他们的财富，表达他们的社会地位、声誉和自我形象，也就是说公开场合使用的奢侈品能让消费者显得更有“面子”。如 Shi 等（2014）在研究“脸面”对中国消费者消费行为的影响时发现，对于公开场合使用的非必需品如汽车，“脸面”对购买行为产生的驱动力最大，而对于私下场合使用的必需品如牛奶，“脸面”对购买行为产生的驱动力最小；施卓敏等（2012）进一步研究发现，在消费者对公开场合使用的奢侈品的购买意向形成过程中，面子之所以起着举足轻重的作用，究其原因就在于公开场合使用的奢侈品能给消费者带来公众形象等“面子因素”。

不同于一般产品，新产品往往被认为具有优越的性能，代表着新的潮流，其采纳者也被认为是具有创新精神的，即便是采纳者中的滞后者，虽然他们不像早期采纳者一样追赶潮流，但也被认为是跟随潮流脚步的，未被这个时代所“out”。因此，对于新产品为公开场合使用的奢侈品而言，其价格优势以及奢侈品本身所具有的“稀缺性”特征，而且这类产品因其“新”往往还代表了时尚和潮流，这些因素决定了这类产品既非人人可采纳，也非人人可拥有，因此它能够给采纳者带来优越感、社会地位等，从而让采纳者“获得面子”。而对于公开场合使用的必需品而言，人人都有条件可拥有之、有机会可购买之，它并不能凸显个体的独特地位以及优越的社会形象，但它却能因其“新”而不被认为是被同侪“out”的对象，从而让使用者“保护面子”。本质上，“获得面子”是指个体向周围人特别是同侪更好地展示自己并留下积极的公众形象，而“保护面子”则指不遭他人特别是同侪非议并避免留下负面形象（宋晓兵等，2017）。根据成就动机理论（Achievement Motivation）（Atkinson，1953），个体在追求自我价值的时候，倾向于通过各种方法力求达到最完美状态，或者说当个体在某种特定的情况下获得成功的需求大于避免失败的需求时，那么他就敢于冒险尝试并追求成功。对于“面子观”深入骨髓的中国人而言，个体对于“获得面子”的需要比“保护面子”的需要更大，甚至为了“获得面子”不惜进行印象粉饰（陈炳和高猛，2010），如充大款、买高仿名牌产品。而不管是“获得面子”还是“保护面子”都源于对规范的遵从，因此对于公开使用的必需品，规范影响同样会影响用户的新产品采纳意愿。但它不像公开使用的奢侈品那样能让用户“获得面子”，因此规范影响的作用也相对弱些。

三、关系强度高阶调节作用下的回归结果分析

对于不同类型的新产品，同侪影响与采纳意愿的关系还会受到关系强度的高阶调节作用。在线性调节效应中，对于PUL，关系强度正向调节信息影响与采纳意愿的关系，关系强度越强，信息影响对采纳意愿的影响越大，关系强度越弱，信息影响对采纳意愿的影响越弱。在非线性调节效应中，对于PRN，在关系强度的调节作用下，信息影响与采纳意愿呈倒“U”形关系，关系强度越强，信息影响对采纳意愿的影响越大，但过了拐点之后，关系强度越强，信息影响对采纳意愿的影响越小；同样对于PRN，在关系强度的调节作用下，规范影响与采纳意愿呈正“U”形关系，关系强度越强，规范影响对采纳意愿的影响越小，但过了拐点以后，关系强度越强，规范影响对采纳意愿的影响越大；对于PRL，在关系强度的调节作用下，比较影响和情绪传染与采纳意愿均呈正“U”形关系，关系强度越强，比较影响和情绪传染对采纳意愿的影响越小，但过了拐点以后，关系强度越强，比较影响和情绪传染对采纳意愿的影响越大；对于PUN，关系强度并不具有调节同侪影响的任一维度与采纳意愿的关系的作用。

“当新产品为公开场合使用的奢侈品时，关系强度越强，信息影响对采纳意愿的影响越大，关系强度越弱，信息影响对采纳意愿的影响越小”，对于这一结果，本书认为可从以下几个方面进行分析。其

一，关系强弱主要取决于“认识时间的长短”“互动的频率”“亲密性”及“互惠性”四个维度（Granovetter 等，2007；周建国，2010）。关系强度越强则意味着个体与同侪间的认识时间久、互动频率高、更加亲密且相互提供的互惠内容也较多，因此彼此间的信任程度也越高（Chang 和 Chuang，2011），这就使得一方面同侪也更可能被个体视为信息咨询的对象，另一方面同侪分享或提供的有关新产品的信息也越能被个体认为是可信的，从而依赖这些信息做出采纳决策（冯娇和姚忠，2015）。其二，信息影响对采纳意愿的影响也许是无意识的，由于关系强度较强的个体与同侪之间的互动频率也相对较高，这就意味着一方面同侪对于奢侈型新产品的采纳结果或新产品的态度等有更多的机会被个体观察到，另一方面同侪无意或有意谈及这类新产品的话题时，有关这类新产品的信息也将被个体于无意识中接收，由此个体从两方面获取的信息于无意识中被其同步到自身的认知体系中，从而影响个体的新产品采纳决策。其三，信息影响对采纳意愿的作用也许是有意识的，根据 S-O-R 模型，同侪对于这类新产品的采纳结果或对这类新产品的主观看法等，事实上构成了对个体的刺激因素，尤其当同侪已采纳这类新产品时，高频率的接触以及这类新产品的高可见性和炫耀性也易引起个体的攀比心理（Veblen，1994），从而有意识地去获取该新产品的信息或刻意地关注该新产品。这些心理作用使得个体有意识地观察同侪对这类新产品的采纳结果，或者有意识地去捕捉同侪对这类新产品的评价信息，并进一步将获取的信息内化为自身认知体系的一部分，最终影响个体的新产品采纳决策。所以，对于公开场合使用的奢侈型新产品，信息影响对新产品采纳意愿的影响大小还取决于个体与同侪之间的关系强度，关系强度越强，信息影响对采纳意愿的影响越大，反之则越小。

“当新产品为私下使用的必需品时，随着关系强度的增强，信息影响对采纳意愿的影响呈倒‘U’形变化，而规范影响对采纳意愿的影响呈正‘U’形变化”，对于这一结果，结合当代消费主力“80

后”“90后”的特点以及电子商务和社交网络的时代背景，本书认为，私下场合使用的必需品具有“隐匿性”特征，只有关系强度较强的同侪之间才会谈及此类新产品的话题，而且也只有关系强度较强的同侪因互动频率较高，亲密性也较高，个体私下使用的必需品才能有机会被同侪观察或看到。虽然必需品不具有“排他性”，人人可拥有，人人有条件购买或采纳，然而新产品，即便是必需品，当它被个体于私下场合使用时，更能凸显采纳者独特的眼光和见识，因为它毕竟是“最新的”，依然能够让周围人投来羡慕的眼光。若在“80后”“90后”的父母一代，同侪私下场合使用的必需型新产品必定会促使关系强度较强的好友模仿。然而对于“80后”“90后”，如前文分析他们具有“追求个性化”的鲜明特征，而且“以自我为中心”（冯颖，2016）、“标榜自我”，有“主见”（毕亚斐和刘灿，2012），不愿被贴上“人云亦云”的标签，因此对于关系强度较强的同侪，个体反而不愿因同侪推荐或看到同侪采纳了某一新产品而采纳该新产品，因为这一方面显得自己“没主见”，与“凸显自我”的个性相违背，容易产生认知失调，另一方面因为彼此间关系强度较强，互动的频率也相对高些，即便是私下使用的必需品也有可能被同侪看到或发觉，因此这将导致个体担心自己会被认为是刻意模仿同侪。更何况，“80后”“90后”具有“消费是为了满足自我”“欣赏那些与自己三观相符的产品”“追求喜欢就好”的消费特征（华扬数字营销研究院，2018），因此个体与同侪之间的关系强度较强时，个体新产品采纳意愿受来自同侪的信息影响程度事实上是有所减弱的。之所以关系强度较弱时个体的新产品采纳意愿所受到的信息影响也相对较小，是因为个体对于关系强度较弱的“泛泛之交”缺乏信任（张宁俊等，2016），尤其在虚拟的、缺乏面对面沟通的社交网络情境和充斥着大量“网络水军”“评论可以被商家随便删和消除”的电子商务情境下，这抑制了个体进行信息搜寻的动机。当关系强度介于强和弱之间时，私下使用的必需型新产品一般不会成为同侪间探究的话题，它也不像公开场合使用的必需型新产品有着较高的可见度，因此个体一旦向这些同侪进行咨询，其目的性也是较强的，即“买好不买贵”，而且这些同侪与个体间的关系既非太强也非太弱，因此既不会被发觉模仿同侪，又有一定的信任度，所以这类同侪对个体产生的信息影响反而是最大的。

对于新产品为私下使用的必需品时，在关系强度的调节作用下，规范影响对采纳意愿的影响结果刚好与信息影响的影响结果相反。由于同侪之间的相互作用会被个体经主观认知加工后转化为同侪压力，而且关系强度越强，个体感受到的压力也越大，因为关系强度越强，同侪对个体的接纳和认同对于个体而言也愈加重要，这是人类进化的结果，因为只有这样，个体才能获得更大的生存机会和社会支持（Leary，2004；Myers 等，2016）。在此情境下，只要同侪采纳或赞赏，即便新产品与个体自己的三观不符，即便个体想要“相似性规避”（Bian 和 Forsythe，2011），即便个体不想因为同侪采纳而采纳从而被认为人云亦云、没有主见，个体作为社会人与生俱来的归属需求（Myers 等，2016）还是会使得个体“不得不采纳”，以表示自己不是“out”的。而如果同侪表露出对新产品的不满，即便个体自己很喜欢，但当个体对“自我的追求和满足”与对“社会的我的追求和满足”博弈时，如前文所述，个体“私下的自我”还是会让位于“社会自我”，从而与同侪保持一致。因此关系强度越强，规范影响对个体的新产品采纳意愿产生的作用力也越强。对于私下使用的必需新产品，与个体构成弱关系的同侪，也即与个体关系强度较弱的同侪，往往是个体通过社交网络如微博、在线评论区等认识的。根据弱关系理论（Granovetter，1973），关系强度较弱的泛泛之交远远多于关系强度较强的熟识的同侪数量，由于私下使用的必需品的“隐匿性”，正是这些泛泛之交为个体提供了某种新产品的流行与否的客观社会现实，从而影响个体对同侪间存在的规范感知，进而基于感知到的规范做出对新产品采纳与否的决定。而当个体与同侪关系强度介于强和弱之间时，私下必需品往往不会成为彼此间谈及的话题，个体很多时候无法知晓同侪对某一新产品的态度或采纳行为，此时不管规范是客观存在还是能够为个体所感知，个体都很难将遵从规范与采纳新产品建立联系。因此，规范影响对个体采纳意愿影响也相对较少。由此，对于新产品为私下使用的必需品，当关系强度较强或较弱时，规范影响对新产品采纳意愿的影响均较大，当关系强度由弱到强变化时，规范影响与采纳意愿呈正“U”形关系。

“当新产品为私下使用的奢侈品时，随关系强度逐渐增强，比较影响和情绪传染对采纳意愿的影响呈正‘U’形变化”，这一结果的产生的原因可能在于：根据社会比较理论（Festingers，1954），不管是“现实自我”还是“理想自我”都产生于个体与周围人尤其是同侪的比较中。其中，“现实自我”通常是个体和与自身的身份、地位等较为接近的同侪比较的结果，这些同侪也因与个体相似程度较高而彼此间的吸引力相对较大（Urberg，2003），交互也相对频繁，因此关系强度也相对较强；“理想自我”是个体与其所崇拜、渴望的对象或“理想自我”的原型（如明星、英雄人物等）比较的结果，正所谓“你之所以崇拜一个人，是因为你离他还不够近”，因此这些同侪通常和个体的关系相对也较弱。由此，与个体关系较强的同侪可能构成了个体“现实自我”的比较对象，与个体关系较弱的同侪可能构成了个体“理想自我”的比较对象。由于“自我”建立在个体与同侪进行比较的基础之上，或者“自我”源自社会比较，尤其是同侪之间的比较（Myers 等，2016），所以比较影响也将对个体“追求自我”的行为决策产生影响。由于此类新产品能够使用户产生“追求品质”“自我馈赠”的愉悦感（卢长宝等，2013），而且它本身的“稀缺性”（Scarcity）极大地满足了个体对个性化的追求，有助于个体更好地凸显自我，所以个体对此类新产品喜好、态度或行为反应本身就是由比较影响带来的。结合前文分析，个体更多地依赖强关系同侪（如兄弟姐妹、密友）塑造“现实中的自我”，依赖弱关系同侪

（如明星、偶像）塑造“理想中的自我”（Turner 等，2011）。所以，对于私下场合使用的奢侈新产品，个体与同侪的关系较强或较弱时，比较影响对用户新产品采纳意愿的影响都是比较大的，或者说个体与同侪的关系强度由弱到强变化时，比较影响对新产品采纳意愿的影响是一个先变小再变大的趋势。

此外，虽然私下场合使用的奢侈品的可见度低，但由于强关系同侪之间的频繁互动、亲密交往，同侪对某一新产品的情绪反应也更易被个体捕捉到。而且根据前文分析，强关系同侪之间存在的互惠行为多，彼此间关系亲密，也更容易共情，因此个体也更容易基于与同侪一致的情绪状态做出一致的态度或行为反应，即便是对于此类新产品，个体也往往会因受强关系同侪的情绪传染而做出与同侪一致的新产品评价或采纳行为。虽然弱关系同侪之间的关系并不像强关系同侪间那样亲密，电子商务和社交网络的融合发展促进了情绪在弱关系同侪之间的传染，加剧了情绪的传染力，因此社交网络情境下，弱关系同侪对某一新产品的情绪反应同样能在彼此之间传播，从而使个体产生与同侪一致的情绪反应，进而影响其新产品采纳决策，更何况个体对于此类新产品的采纳决策很多都是感性决策。然而，当关系强度介于强和弱中间时，同侪对此类新产品的情绪反应往往很难被个体接触或感知到，因此个体也不太可能因受同侪的情绪传染从而影响其采纳意愿。

而且根据 Ellis（1962）的情绪 ABC（Activating event-belief-consequence）理论，同侪情绪是作为一种激发事件存在的，在这一情绪的激发下，个体对同侪情绪进行解读，从而产生相应的态度或行为等反应。据此，由于强关系同侪间的互惠程度高、亲密度高（周建国，2010），当强关系同侪对私下场合使用的奢侈新产品表现出激动或愉悦情绪时，这种情形往往会被同侪解读为“有利”的，当强关系同侪对此类新产品表现出愤怒或悲伤的情绪时，这种情形也往往会被同侪解读为“不利”的，从而影响个体的新产品采纳意愿。由于弱关系同侪一般不会对个体当前的社会地位产生威胁（Granovetter 等，1973），当弱关系同侪如在线评论区的同侪表现出对某一新产品的激动或愤怒情绪时，个体要么将同侪表现出的情绪解读为“无关”的，要么解读为可共情的，从而在情绪传染的作用下影响其新产品采纳意愿。但当关系强度介于强和弱中间时，同侪对这类新产品的情绪反应很难被个体接触到，也即不存在激发个体对这类新产品做出反应的事件，此时情绪传染对采纳意愿的影响也是最小的。由此，对于私下场合使用的奢侈新产品，随关系强度由弱到强变化，情绪传染对采纳意愿的影响呈先下降再上升的趋势。这一结果反映了情绪传染对个体行为意愿的影响并非无条件的，它还取决于同侪与个体间的关系强度以及激发事件是否存在。

社交网络情境下同侪影响与新产品扩散的关系研究
Chapter 7

第七章 研究结论与展望

本章主要对本书的研究结论、理论贡献与实践启示进行梳理和进一步的论述，并基于本书存在的不足尝试展望未来可研究的方向。

第一节　研究结论与启示

本节主要基于前文的研究结果，对研究结论进行提炼，并对结论展开讨论。

一、研究结论

根据前文的研究结果及结果分析，本书的研究结论主要有以下几点。

第一，同侪影响是一套独立的理论体系，尤其在社交网络情境下，同侪影响能够解释社会影响和参考群体影响两个理论所不能解释的现象，如“圈内同质、圈间异质”的客观社会现象。

第二，同侪影响与社会影响、参照群体影响的区别在于同侪影响发生在相似的个体交互过程中，同侪未必处于同一特定社会环境，也未必属于同一群体。而社会影响发生在特定的社会环境或群体中，参照群体影响发生在群体范畴下。而且在维度划分上，同侪影响与后两者也是有所区别的：社会影响被认为仅包括信息影响和规范影响两个维度，同侪影响的比较影响维度是个体寻找“我是谁”的过程，参照群体影响的价值表现型维度是个体对自我的解读即“我是这样的”。

第三，规范影响并不影响采纳意愿。这说明在追求“个性化”的时代，个体的新产品采纳过程更加关注“自我”，同时也折射出社交网络情境下规范影响的效力可能正在减弱或消失，社交网络在为人们之间的交互提供虚拟的“物理空间”、更加广阔的交流平台的同时，也在一定程度上减弱了人际的约束力。

第四，社交网络情境下，规范影响对采纳意愿的影响存在一定的边界条件，即对于公开场合使用的新产品，规范影响影响采纳意愿，这说明当个体的“私下自我”和“社会自我”存在竞争或冲突时，“社会自我”往往占据优势地位。

第五，情绪传染对新产品采纳意愿的影响并不总是线性的。虽然情绪具有内在的传染性，尤其在社交网络情境下，情绪传染范围更加广泛，然而作为感性和理性兼具的个体，在理性的参与下，个体的新产品采纳意愿并不总是会受到个体当前情绪状态的直接影响。

第六，社交网络情境下，对于可见度高、非排他性的新产品即PUN，用户采纳意愿受同侪影响各维度作用的程度并不因关系强度不同而不同。对于其他三种类型的新产品，关系强度调节作用的发挥则因同侪影响对采纳意愿作用的具体方式不同而不同。

二、讨论

为了对本书结论有更加深入的理解，从而为下一节理论贡献与实践启示的提出做铺垫，本书分别对研究结论进行讨论。

第一，同侪影响理论是区别于社会影响理论和参照群体影响理论的一个独立的理论体系，虽然同侪影响理论和后两个理论有交叉，但并不完全相同。尤其在社交网络情境下，同侪影响能够解释后两个理论所不能解释的客观现象，如“圈内同质、圈间异质”的现象。可以说，三种理论的差异弥补了单一理论的局限性。如对于社会影响中的外生效应，同侪影响和参照群体影响理论均不具有解释效力，同样对参照群体影响中规避群体对个体产生的影响，同侪影响和社会影响理论也缺乏解释力。此外，鉴于同侪影响已被拓展到组织层面（Manski，2000；傅超等，2015），组织间的相互作用、相互影响的社会过程显然已超出了社会影响和参照群体影响所涵盖的范围。

第二，同侪影响与社会影响影响的区别既在于内容上，也在于形式上。同侪影响是相似个体之间的相互作用、相互影响的社会心理过程，相似个体可以来自世界各地，也可以共处于“同一屋檐下”，同侪影响不因相似而产生，却因交互而产生。社会影响产生于某一特定的社会环境中，如村落、地方等，有一定的边界范围，社会影响既可以是人与社会环境的相互作用，也可以仅仅由个体间的相似性产生，即相似导致相似，如相似的个体也往往会做出相似选择（Myers 等，2016）。而同侪影响与参照群体影响的区别则是基于个体对“自我”的追问，同侪影响中的比较影响本质上是个体找寻“我是谁”，从而建构“自我”的过程；参照群体影响中的价值表现型影响则是个体基于群体身份，对“我是谁”的回答，即“我是这样”的。

第三，同侪影响的规范影响对新产品采纳意愿的影响存在一定的边界条件。在不考虑调节变量的作用下，这一结论再次验证了我们所处的时代是一个个性张扬的时代，人们不再拘泥于同侪圈中既有的条条框框，言行举止也不再在意同侪的看法或态度，不再为了获得同侪接纳和认同而违背自己的内心。这个时代为个体敢于说出自己的想法、喊出自己的声音提供了舞台，成全了个体“勇敢做自己”的理想。然而，虽然说“追求个性化”也是社会进步的表现，但是人们在追求个性化的过程中，还应把个体与社会统一起来，在统一中实现个人的价值，从而表现出对他人、对社会独特的贡献方式。

第四，当考虑产品类型的调节作用时，规范影响作用的发挥取决于新产品使用场合的公开与否。这说明当个体独立的“私下自我”与和他人具有依赖关系的“社会中的我”存在竞争时，“社会中的我”往往占据优势地位。正如马克思所说，“人是一种名副其实的社会动物……而且是只有在社会中才能独立的动物”（马克思等，1995），即人类同时具有“生物性”和“社会性”。而本书这一结论则直观地反映了人类的这种“两面性”：生物属性使得个体在私下场合可以率性而为，不必顾虑自己的言行举止能否被接纳或认可；基于社会属性，个体对于被他人尤其是被同侪接纳和认同的需求是与生俱来的，而且这也是人类长期进化的结果（Myers 等，2016）。所以当新产品在公开场合使用时，规范影响会显著影响采纳意愿。这也进一步说明道德等规范对个体的制约在公开或公众场合下更有效力。

第五，情绪传染对新产品采纳意愿的影响并不总是线性的。已有的社会心理学学者如 McDougall（1921）提出“情绪具有内在的传染性”、Hatfield 等（1993）提出“情绪传染理论”以及行为主义心理学的开创者 Watson（1925）认为情绪蕴藏在人体结构中从而在他人情绪刺激下产生一致的情绪反应，这些学者的观点无一不是在说个体会因同侪快乐而快乐、愤怒而愤怒事实上是人的一种本能反应。尤其在社交网络情境下，情绪传染的现象更加普遍。然而，由于理性的参与，个体的新产品采纳意愿并不总是会受到个体当前情绪状态的直接影响。根据 Ellis（1962）提出的情绪 ABC 理论，个体是否必然受同侪的情绪传染从而影响其采纳意愿，这还取决于激发事件（即个体与同侪是否涉及对私下使用的奢侈新产品的情绪反应）是否存在以及个体对激发事件的评价，而这又进一步依赖于个体与同侪之间的关系强度，关系强度影响个体对他人观点或行为等的解读。

第六，当新产品为公开使用的必需品时，关系强度并不调节同侪影响的任一维度与采纳意愿的关系。这一结论反映了在社交网络情境下，交往的广泛性、信息来源渠道的多样性、信息获取的便捷性使得个体决策已不再过度依赖过去的熟人同侪圈子或强关系同侪，尤其对于这类可见度高、非排他性的新产品，不同的关系强度下个体对同侪的参考和依赖并无明显不同（刘玉琦等，2017）。该结论进一步说明在一些情况下社交网络的广泛使用已使得人们对“熟人社会”的重视有所淡化。

第二节 理论意义与实践启示

本节主要基于上一节的讨论与结论，提出本书研究工作的理论贡献及实践启示。

一、理论贡献

本书的理论贡献主要有以下几点。

第一，本书在对相关同侪影响的研究文献进行分析的基础上，首次对社交网络情境下的同侪与同侪影响进行明确，并进一步对其进行概念界定，这对推动同侪影响理论的发展具有基础性的作用。通过相似概念辨析，本书发现同侪影响与社会影响、参照群体影响事实上是有区别的，并不能互相替代，而且同侪影响能解释社交网络情境下后两个理论所不能解释的现象，由此本书进一步提出同侪影响是区别于社会影响理论和参照群体影响理论而独立的一套理论体系这一观点，这为同侪影响理论的建立与发展提供了理论支持，对各领域基于同侪影响理论拓宽研究思路、开辟新的研究方向具有重要的启示意义。

第二，现有研究从现象上揭示了同侪影响产生的过程，但忽略了对同侪影响产生的个体微观社会心理过程的深入剖析，本书结合认知心理学和行为主义心理学的相关理论深入探究社交网络情境下同侪影响产生的社会心理原因、结果与过程，并首次提出同侪影响产生机理的理论框架。这为后续学者开展同侪影响的相关研究提供了坚实的理论基础，为后续学者在组织层面进一步拓展同侪影响理论提供了理论参考。

第三，尽管也有学者如 Yang 等（2015）使用社会心理学的方法对同侪影响进行测量，但现有研究多采用社会影响或参照群体影响的测量量表测量同侪影响。根据前文分析，同侪影响与后二者事实上是有区别的，并不能替代使用，因此本书结合社交网络情境，以新产品扩散为研究视域对同侪影响进行量表开发，为学术界在新产品扩散视域下客观地认识同侪影响提供了量化工具，也为其他研究视域的同侪影响测量提供了参考，而且此项研究工作也是对同侪影响理论的进一步完善。

第四，本书采用同侪影响理论解读新产品扩散的社会心理过程突破了现有研究存在的理论局限性。这对于深入理解“创新扩散的本质就是人们对新事物主观评价交互的社会历程（Rogers 等，2016）”以及剖析社交网络情境下新产品扩散的主要动力来源具有重要的理论意义。因为同侪影响更加有力地解释了当前的时代背景下新产品扩散基于人际沟通渠道进行的社会心理原因，而且同侪影响理论对社交网络情境下的新产品扩散过程也更具解释效力。同时同侪影响在创新扩散领域的进一步拓展也为后续学者探究扩散或社会变迁等问题提供了新的理论启示。

第五，本书探究同侪影响各个维度对采纳意愿的影响，深化了同侪影响与新产品扩散的研究内容，有助于学术界更加深入地理解和把握同侪影响在新产品扩散过程中发挥作用的具有方式和内容。并且，本书以产品类型为调节变量，研究发现对于私下场合使用的新产品，规范影响对采纳意愿的影响不显著，而对于公开场合使用的新产品，规范影响对采纳意愿的影响显著。这一研究发现首次验证了规范影响作用的发挥是存在边界条件的，这为理解准则、法规、文化等规范对个体约束力的失效提供了理论解释，对后续学者探究法律和道德相互补充、协同作用的机制具有十分重要的理论启示。

第六，本书以关系强度为高阶调节变量，研究发现情绪传染对新产品采纳意愿的影响还依赖于个体与同侪之间的关系强度以及激发事件是否存在。该结论说明尽管个体因同侪快乐而快乐、愤怒而愤怒是人的一种本能反应，然而个体并不会总是基于自身当前的情感状态进行行为决策。该结论对“情绪会影响判断”（Myers 等，2016）这一观点提出了质疑。本书的这一研究发现进一步拓展了情绪传染理论，是对有关情绪传染研究的丰富和发展，为人们理解和重新认识情绪传染提供了更加全面的理论依据。也为后续学者基于同侪影响理论探究“情怀”产品的设计与开发、基于“情绪传染理论”研究新产品的扩散策略提供了新的理论启发。

二、实践启示

本书主要从以下几个方面提出可能的实践启示。

第一，同侪影响的四维度划分有助于实践中更加详细、深入地理解同侪个体间相互作用、相互影响从而使个体的态度、行为等发生改变的社会心理过程。这对国家或社会有目的地改变或引导个体行为具有重要的实践启示，如培养青少年形成积极的价值观，引导人们积极参与充满正能量的社会实践，抑制少数人的不良行为、反社会行为。对此，国家和社会或许可以考虑鉴于信息影响也可能发生在个体的无意识层面，限制暴力影视作品的上映数量，减少对违反犯罪行为的过程的曝光等；鉴于规范影响在公开场合或公众场合的有效性，提高社会活动以及权力行使的透明度；鉴于个体往往通过与偶像、明星等的比较构建“理想中的我”，鼓励更多的明星、名人参与积极的社会活动；鉴于情绪传染在社交网络更加普遍，采取或制定积极的措施抑制社交网络上负面情绪的传播。

第二，鉴于早在 2000 年 Manski 就已提出同侪影响的单位可以是个体、企业，也可以是组织或政府，并将这些分析单元称之为“agents”。这为学者将同侪影响引入组织研究提供了理论依据，因此本书对同侪影响理论的研究结果对于组织将同侪影响纳入决策函数从而进行科学决策具有重要的参考价值。而且就此方面而言，社会影响注重群体成员之间的相互作用，社会文化环境、制度等对个体的影响，以及个体性格特征的内在影响性，参照群体影响理论强调群体范围内的人际影响，两个理论在解释组织之间的相互作用和相互影响方面缺乏解释力。由此，本书对同侪影响理论的研究结果对于企业管理者、政府部门利用同侪影响，从同侪压力入手规范行业行为、组织行为，从比较影响和信息影响着手树立典型和榜样，引导企业、地区等组织朝着“创新、协调、绿色、开放、共享”方向发展具有重要的实践启示。

第三，同侪影响各维度与采纳意愿的关系说明在当今时代，个体对于新产品的采纳已不再是为了被同侪接受和认同而“不得不采纳”，个体在逐渐脱离同侪圈中各种显性或隐性规范影响对个体决策的约束力。因此，不管是在企业管理中还是在社会治理中，这一结论对企业管理者或相关部门考虑和尊重个体的个性化发展，承受社会的多元化都具有重要的启发作用。为促进新产品扩散更好更快地进行，企业应该从信息影响、比较影响和情绪传染三个维度着手，在新产品研发环节注重利用比较影响设计开发出有个性的新产品，在新产品发布和扩散环节注重利用信息影响设计易于传播的新产品信息，利用情绪传染在同侪间引起对新产品的情感共鸣，从而使新产品具有“一千个人读哈姆雷特就有一千个哈姆雷特”的解读柔性，拥有“一个新产品就是一个好故事”的新产品特性。

第四，规范影响只对公开场合下对新产品采纳意愿具有显著影响。该研究结果对于指导企业实施病毒营销、精准营销策略以及利用社交网络进行裂变营销（如拼多多）具有重要指导意义。对于公开场合使用的新产品，企业可考虑在战术层面上于目标市场中的不同时空范围内“多布点”，在小范围内借助规范影响的作用促进“点到面”的扩展，从而获得新产品在整个目标市场内的扩散效果；对于私下使用的新产品，企业可以考虑通过公布新产品的普及率将私下场合使用的产品公众化，从而增加规范影响的作用力。该研究结果也对管理者或相关部门制定规章制度和管理办法具有重要的指导意义，研究结果启发我们不管是企业管理还是社会治理，道德等规范影响力也许在“阳光下”更有效力，在“黑暗处”，规范的约束力有所减弱甚至消失，所以实践界应尽可能地将个体交易和行为公开化、透明化，以提高规范对个体的约束力。

第五，关系强度对同侪影响和新产品扩散关系的高阶调节作用为企业在社交网络情境下对于不同类型的新产品使用哪些社交网络促进新产品扩散，以及如何使用不同类型的社交网络工具或平台，具有重要的指导意义。当新产品为公开场合使用的奢侈品时，微信、QQ 等以强关系为主的社交网络对于企业通过信息影响促进新产品扩散更加有利；当新产品为私下使用的必需品时，同时使用微信、QQ 等以强关系为主的社交网络和微博、论坛等以弱关系为主的社交网络更有助于企业利用规范影响促进新产品扩散，但不利于企业利用信息影响促进新产品扩散；当新产品为私下使用的奢侈品时，同时使用微信、QQ 等以强关系为主的社交网络和微博、论坛等以弱关系为主的社交网络更有助于企业利用比较影响和情绪传染途径促进新产品扩散；当新产品为私下使用的奢侈品时，微博、论坛等以弱关系为主的社交网络，微信、QQ 等以强关系为主的社交网络均对企业利用比较影响和情绪传染途径促进新产品扩散有利。

第三节　研究不足与展望

尽管本书结合社交网络情境对同侪影响理论的基础性内容进行了系统的研究，对同侪影响与新产品扩散的关系进行了实证分析，在理论和实践方面均具有一定的意义和启示。然而本书仍存在一些局限和不足之处，在此基础上，本节进一步对未来可能的研究内容或方向进行展望。

一、研究不足

本书主要存在以下几点不足。

第一，本书基于社交网络提出了同侪影响产生机理的理论框架，是在个体层面展开的。鉴于同侪影响也同样可以产生于组织之间

（Manski，2000），同侪影响理论的普适性还有待提高。

第二，本书基于同侪影响与社会影响、参照群体影响的联系与区别，在文献研究和理论分析的基础上对同侪影响的维度进行划分，且量表开发以新产品扩散为研究视域，然而该测量量表是否可以在其他研究视域下直接使用还有待进一步检验。

第三，本书通过问卷调查获取数据从而探究同侪影响与新产品扩散的关系，然而调研对象填写问卷的质量很多时候是研究人员无法控制的，如调研对象对题项的理解存在偏差。

第四，本书发现同侪影响的四个维度对采纳意愿的影响有所区别，而且其影响程度受产品类型和关系强度的高阶调节作用，然而研究结果是否适用于新思想、新技术等非实物性质的创新尚有待考证。

二、展望

基于以上不足，本书分别从以下几个方面进行展望。

第一，学术界对同侪影响的研究已被拓展到组织层面，然而本书对同侪影响概念的界定和同侪影响产生机理的理论过程的提出都是基于个体层面，因此未来研究可在组织层面进一步对同侪影响进行概念延伸、理论拓展。而且随着社交网络被广泛地用于组织之间进行组织沟通（林舒进等，2019），组织之间的交互行为也变得更加频繁与深入，组织间的相互影响也变得更加普遍和广泛，这也对后续学者从该层面进行同侪影响理论的拓展性研究提出了迫切需求。

第二，本书开发的同侪影响的量表是基于新产品扩散的研究视域，因此未来研究可考虑在本量表的基础上进一步在其他研究视域下改进本量表或开发新的同侪影响的测量量表。根据前文分析，同侪影响有其生物性根源（Harden 等，2008），因此未来还可考虑结合神经科学学科的研究方法和测量工具，进一步对新产品扩散视域下的同侪影响进行测量，或开发新的研究方法。

第三，本书采用多层回归分析法对同侪影响各维度与用户的新产品采纳意愿之间的关系进行实证分析。然而多层回归分析法也有其自身的局限性，如它只是一套统计的方法与分析的策略，本身无法创造理论或知识（邱皓政，2009），因此未来研究可结合案例研究、QCA等质性研究方法，或基于大数据的解决方案进一步探讨同侪影响各维度与新产品采纳意愿的关系。

第四，鉴于微博等社交网络已成为新思想以及不同观点传播的快速、有效渠道，因此未来可尝试结合同侪影响理论，对新思想、新观点等非实物性质的创新进行同侪影响各维度与采纳意愿关系的探究，或基于同侪影响的理论视角探究新思想、新观点的扩散过程以及扩散的内在机制，或基于不同的社交网络所凝聚的不同关系强度的社交关系类型，对新思想等在不同类型社交网络中的扩散规律进行探究。

附录1　初始题项库

构念	题项
规范影响	我关注该新产品是因为好友对它评价很高
	当好友喜欢该新产品时我也会喜欢
	我认为好友比较赞成该新产品
	我认为该新产品符合好友的要求
	我认为该新产品能帮我给好友留下好印象
	我认为该新产品能帮我获得好友的接纳和认可
	我认为该新产品符合好友的审美
	我认为该新产品有助于我与好友保持良好的关系
	我认为该新产品能帮我赢得好友的羡慕和尊重
	我认为该新产品能让我受到好友的欢迎
	我通常根据好友对该新产品的评价而评价该新产品
	我认为好友希望我采纳该新产品
	好友极力推荐我采纳该新产品
	我通常认为该新产品可以提升我在好友心中的形象
	我认为好友会采纳该新产品
	我通常很重视好友对该新产品的态度
	我认为该新产品对维系我和好友之间的友谊很重要
	通常情况下，我对新产品态度源于好友对新产品的态度
信息影响	好友提供的新产品信息使我更加了解该新产品
	好友对该新产品的评论使我更加了解该产品
	与好友的谈论增加了我对该新产品的了解
	好友提供了新产品信息能帮找到该新产品
	好友提供的新产品信息降低了我获取该新产品的难度
	我从与好友的接触中知晓该新产品
	好友提供的建议使我更清楚该新产品的优缺点
	我经常观察好友是否适用或如何使用该新产品
	好友分享的新产品信息使我更加了解该新产品
	我知晓该新产品源自好友的推荐
	我知晓该新产品因为我看到好友在使用

续表

构念	题项
比较影响	我认为该新产品能让我像产品代言人一样
	我认为该新产品能向好友表明我是什么样的人
	我认为该新产品能让我成为我想要的样子
	如果我喜欢我的好友，我通常会喜欢他使用的新产品
	我该新产品能帮我向好友表明我和他是一样的人
	当好友与我具有相同的目标，我通常会关注他使用的新产品
	我通常认为该新产品对于我和好友之间的友谊很重要
	我通常认为分享新产品信息有助于交朋友
	好友认为重要的新产品，我也会认为很重要
	我该新产品和我的身份比较匹配
	该新产品的品味比较符合我
	该新产品能满足我的偏好
	该新产品能表达我的价值观
	我认为该新产品能体现我和好友之间的联系
	我该新产品能帮我向好友表明我们是一个圈的
	我认为该新产品能体现我和好友的相似之处
	当我认为好友是可信的时，我通常会关注他使用的新产品
情绪传染	当好友为该新产品狂热时，我也会狂热追求
	当好友厌恶该新产品时我也会厌恶
	我通常能非常敏锐地感知好友的情绪变化
	我非常注意好友的情绪变化
	同我喜欢的好友一起使我心情快乐
	看到剧烈争吵的场面会使我心跳加快
	当好友因该新产品而情绪低落时，我也心情不佳
	当好友因该新产品而激动时，我也会激情难抑
	当好友和我分享该新产品积极的一面时，我通常也会对该新产品有积极的反应
	当好友因该新产品而高兴时，我也会高兴
	好友创建的积极评论越多，我也会对该新产品给予积极的评价
	当好友为该新产品感到惊奇时，我也会为之心潮涌动
	我会因好友失望而对该新产品印象差
	当好友因该新产品而愤怒时，我也会心情不佳

资料来源：作者整理。

附录 2

尊敬的女士、先生：

您好！非常感谢您参与本次问卷调查。

本次问卷为匿名填写，旨在了解人们在采纳新产品时同伴好友对用户采纳意愿的影响。为了研究有效，请根据您的真实感受填写问卷，答案无对错之分。

注：好友，指社交网络上您认为和您比较相似的那些人，可以是微信、QQ 中的好友，可以是小米社群、学术交流群中其他成员，可以是王者荣耀、绝地求生的玩伴，也可以是淘宝评论区、亚马孙顾客评论区里的其他消费者。

假设您正打算在未来的一个星期采纳一款新产品，这款产品可能是一个新款牙刷，也可能是一款国际品牌名表，请您根据您可能的反应回答如下问题：

	您对下面观点的认可程度？	非常不同意	不同意	一般	同意	非常同意
1	我认为好友比较赞成该新产品					
2	我认为好友喜欢该新产品					
3	我认为好友希望我采纳该新产品					
4	我认为该新产品会给好友留下好印象					
5	我认为该新产品能帮我获得好友的接纳和认可					
6	我认为该新产品对维系我和好友之间的友谊很重要					
7	我认为该新产品符合好友的要求					

续表

	您对下面观点的认可程度？	非常不同意	不同意	一般	同意	非常同意
8	我认为该新产品能让我受到好友的欢迎					
9	好友极力推荐我采用该新产品					
10	我认为好友会采纳该新产品					
11	我认为该新产品有助于我与好友保持良好的关系					
12	好友提供的建议使我更清楚该新产品的优缺点					
13	好友提供的新产品信息使我更加了解该新产品					
14	好友分享的新产品信息使我更加了解该新产品					
15	我从与好友的接触中知晓该新产品					
16	我经常观察好友是否适用或如何使用该新产品					
17	好友对该新产品的评论使我更加了解该产品					
18	我认为该新产品能让我像产品代言人一样					
19	我认为该新产品能让我赢得好友的羡慕和尊重					
20	我认为该新产品能向好友表明我是什么样的人					
21	我认为该新产品能让我成为我想要的样子					
22	我认为该新产品能帮我向好友表明我和他是一样的人					
23	我认为该新产品可以提升我在好友心中的形象					
24	好友认为重要的新产品，我也会认为很重要					
25	我认为该新产品能体现我和好友的相似之处					
26	我认为该新产品能体现我和好友之间的联系					
27	我该新产品能帮我向好友表明我们是一个圈的					
28	我该新产品和我的身份比较匹配					
29	当好友因该新产品而情绪低落时，我也心情不佳					

续表

	您对下面观点的认可程度?	非常不同意	不同意	一般	同意	非常同意
30	当好友因该新产品而高兴时，我也会高兴					
31	当好友因该新产品而激动时，我也会激情难抑					
32	当好友厌恶该新产品时我也会厌恶					
33	我通常能非常敏锐地感知好友的情绪变化					
34	当好友因该新产品而愤怒时，我也会心情不佳					
35	您的性别　　　　A：男；B：女。					
36	您的年龄段　　　A：18 岁及以下；B：18 岁至 35 岁；C：35 岁及以上。					
37	您的受教育程度　A：高中以下；B：大专及本科；C：研究生以上。					
38	您的平均月收入　A：1000 元以下；B：1000 元至 3000 元；C：3000 元以上。					

感谢您的支持与配合!

附录 3

尊敬的女士、先生：

您好！非常感谢您参与本次问卷调查。

本次问卷为匿名填写，旨在了解人们在采纳新产品时同伴好友对用户采纳意愿的影响。为了研究有效，请根据您的真实感受填与问卷，答案无对错之分。

注：好友，指社交网络上您认为和您比较相似的那些人，可以是微信、QQ 中的好友，可以是小米社群、学术交流群中其他成员，可以是王者荣耀、绝地求生的玩伴，也可以是淘宝评论区、亚马孙顾客社区里的其他消费者。

1. 请从下列新产品中选择您最想采用或打算采用的一种。

A. 新款牙刷　　B. 新材质床单

C. 新款高端空气净化器　　D. 新款国际名牌护肤品

E. 新款普通背包　　F. 价格一般的新款手机

G. 新款名牌包　　H. 新款名牌表

2. 请对您将要咨询的好友和您之间的关系进行描述。

TR1	我通常会和他/她分享私人秘密
TR2	我通常花很多时间和他/她交往
TR3	我通常会尽最大努力帮他/她
TR4	他/她通常也会尽最大努力帮我

请根据您的真实感受就以下问题进行作答：

	您对下面观点的认可程度?	非常不同意	不同意	一般	同意	非常同意
NI1	我认为该新产品能帮我获得好友的接纳和认可					
NI2	我认为该新产品符合好友的要求					
NI3	我认为该新产品能让我受到好友的欢迎					
NI4	我认为该新产品对维系我和好友之间的友谊很重要					
II1	我从与好友的接触中知晓该新产品					
II2	好友分享的新产品信息使我更加了解该新产品					
II3	在与好友谈论新产品后，我改变了对该新产品的态度					
II4	我经常观察好友是否使用或如何使用该新产品					
CI1	我认为该新产品能让我赢得好友的羡慕和尊重					
CI2	我认为该新产品能向好友表明我是什么样的人					
CI3	我认为该新产品能让我成为我想要的样子					
CI4	我认为该新产品可以提升我在好友心中的形象					
EC1	当好友因该新产品而愤怒时，我也会心情不佳					
EC2	当好友因该新产品而高兴时，我也会高兴					
EC3	当好友因该新产品而激动时，我也会激情难抑					
AI1	我很可能采用该新产品					
AI2	我会考虑采用该新产品					
AI3	我愿意采用该新产品					
24	您的性别 A：男；B：女。					
25	您的年龄段 A：18 岁及以下；B：18 岁至 35 岁；C：35 岁以上。					
26	您的受教育程度 A：高中以下；B：大专及本科；C：研究生以上。					
27	您的平均月收入 A：1000 元以下；B：1000 元至 3000 元；C：3000 元以上。					

感谢您的支持与配合！

参考文献

[1] 迈尔斯．社会心理学（第11版）[M]．侯玉波，乐国安，张智勇，等译．北京：人民邮电出版社，2016.

[2] 豪格，阿布拉姆斯．社会认同过程 [M]．高明华，译．北京：中国人民大学出版社，2010.

[3] 卡尼曼．思考，快与慢 [M]．胡晓姣，李爱民，何梦莹，译．北京：中信出版社，2012.

[4] 科特勒，阿姆斯特朗．市场营销原理（第13版）[M]．楼尊，译．北京：中国人民大学出版社，2010.

[5] 马尔霍特拉．市场营销研究：应用导向（第3版）[M]．涂平，译．北京：电子工业出版社，2002.

[6] 罗杰斯．创新的扩散（第五版）[M]．唐兴通，郑常青，张延臣，译．北京：电子工业出版社，2016.

[7] 所罗门，卢泰宏，杨晓燕．消费者行为学（第10版）[M]．杨晓燕，郝佳，胡晓红，等译．北京：中国人民大学出版社，2013.

[8] 特纳等．自我归类论 [M]．杨宜音，王兵，林含章，译．北京：中国人民大学出版社，2011.

[9] 白长虹，范秀成，甘源．基于顾客感知价值的服务企业品牌管理 [J]．外国经济与管理，2002，24（2）：7—13.

[10] 毕亚斐，刘灿．浅议“80后”“90后”心理性格特征研究 [J]．河南财政税务高等专科学校学报 [J]．2012，26（6）：

91—93.

[11] 蔡霞，宋哲，耿修林，等．社会网络环境下的创新扩散研究述评与展望［J］．科学学与科学技术管理，2017，38（4）：73—84.

[12] 曾伏娥，罗茜，屠采撷，等．网上消费者非伦理行为：特性、维度与测量［J］．南开管理评论，2011，14（2）：26—36.

[13] 陈炳，高猛．“面子”文化与管理之道——中国式管理的文化生态学视角［J］．管理学报，2010，7（6）：797—803.

[14] 陈驰茵，唐宁玉，谭庆飞．新生代自我概念和代际认同的探索性研究［J］．现代管理科学，2015（8）：103—105.

[15] 崔景贵．90后大学生心理发展的基本特征［J］．教育与职业，2008，（35）：98—100.

[16] 霍瑟萨尔，郭本禹．心理学史［M］．郭本禹，魏宏波，朱兴国，等译．北京：人民邮电出版社，2011.

[17] 单标安，蔡莉，鲁喜凤，等．创业学习的内涵、维度及其测量［J］．科学学研究，2014，32（12）：1867—1875.

[18] 马瑟斯博，霍金斯．消费者行为学（原书第13版）［M］．陈荣，许销冰，译．北京：机械工业出版社，2018.

[19] 邓慧慧，赵家羚．地方政府经济决策中的“同群效应”［J］．中国工业经济，2018（4）：59—78.

[20] 邓乔茜，王丞，周志民．社会化媒体营销研究述评［J］．外国经济与管理，2015，37（1）：32—42.

[21] 杜建刚，范秀成．服务补救中情绪对补救后顾客满意和行为的影响——基于情绪感染视角的研究［J］．管理世界，2007（8）：85—94.

[22] 杜建刚，范秀成．服务消费中多次情绪感染对消费者负面情绪的动态影响机制［J］．心理学报，2009（4）：346—356.

[23] 段锦云，周冉，古晓花，等．正面自我标签对建议采纳的

影响［J］．心理学报，2014，46（10）：1591—1602．

［24］段云龙，余义勇，张颖，等．创新型企业持续创新过程重大机遇识别研究［J］．管理评论，2017，29（10）：58—72．

［25］方淑杰，黎耀奇，傅云新．赔礼还是赔钱？——基于情绪感染理论的旅游景区服务补救策略研究［J］．旅游学刊，2019，34（01）：47—60．

［26］冯娇，姚忠．基于强弱关系理论的社会化商务购买意愿影响因素研究［J］．管理评论，2015，27（12）：28—37．

［27］冯颖．“80、90后”性格特征及人力资源管理创新的调查报告［J］．人才资源开发，2016（4）：120—121．

［28］傅超，杨曾，傅代国．“同伴效应”影响了企业的并购商誉吗？——基于我国创业板高溢价并购的经验证据［J］．中国软科学，2015（11）：94—108．

［29］华扬数字营销研究院．2018中国数字营销行动报告［R/OL］．（2018-04-03）．http：//www.199it.com/archives/706186.html．

［30］黄玮强，姚爽，庄新田．基于复杂社会网络的创新扩散多智能体仿真研究［J］．科学学研究，2013，31（2）：310—320．

［31］黄玮强，庄新田．网络结构与创新扩散研究［J］．科学学研究，2007，25（5）：1018—1024．

［32］贾鹤，王永贵，刘佳媛，等．参照群体对消费决策影响研究述评［J］．外国经济与管理，2008，30（6）：51—58．

［33］姜凌，姜楠，王成璋．消费者奢侈品感知价值理论的发展、比较及展望［J］．四川大学学报：哲学社会科学版，2009，（2）：89—93．

［34］姜凌，周庭锐，王成璋．奢侈品牌与大众品牌：购买决策中参照群体影响差异研究［J］．预测，2009，28（4）：8—15．

［35］焦媛媛，付轼辉，周密．社会化媒体情境下用户参与创新研究综述［J］．研究与发展管理，2018，30（3）：125—136．

［36］金辉，段光，李辉．面子、人情与知识共享意愿间关系的实证研究：基于知识隐性程度的调节效应［J］．管理评论，2019，31（5）：147—162.

［37］李宏，刘菲菲．基于情绪视角的营销信息分享述评与展望［J］．外国经济与管理，2018，40（9）：143—152.

［38］李华松．改革开放30年对“80后”特征形成的影响［J］．中国青年研究，2008，（11）：89—91.

［39］李玉峰，吕巍，柏佳洁．不同购物环境下消费者享乐主义/功利主义态度测评［J］．管理科学，2008，21（1）：58—64.

［40］李志生，苏诚，李好，等．企业过度负债的地区同群效应［J］．金融研究，2018，459（9）：74—90.

［41］刘玉琦，陈洁，韦俊龙．关系类型、感知相似性与用户互动意愿［J］．软科学，2017，31（9）：124—127.

［42］龙晓枫，田志龙，侯俊东．社会规范对中国消费者社会责任消费行为的影响机理研究［J］．管理学报，2016，13（1）：115.

［43］卢晓．中国高端零售的现状分析和中国奢侈品牌的发展战略［J］．中国零售研究，2009，1（1）：67—76.

［44］卢衍衡，钱俊希．从“熟人社会”到“生人社会”广场舞与中国城市公共性［J］．地理研究，2019，38（7）：57—72.

［45］卢长宝，秦琪霞，林颖莹．奢侈品消费特性构成维度的理论模型［J］．管理评论，2013，25（5）：123—135.

［46］鲁迅．《鲁迅全集》第六卷［M］．北京：人民文学出版社，2005.

［47］陆蓉，常维．近墨者黑：上市公司违规行为的“同群效应”［J］．金融研究，2018，458（8）：176—193.

［48］罗胜强，姜嬿．管理学问卷调查研究方法［M］．重庆：重庆大学出版社，2014.

［49］马京晶，马欣昕，张黎．选择与放弃中对产品实用性和享

乐性的不同偏好——以电脑光盘和音乐CD为例［J］. 营销科学学报，2008（1）：107—119.

［50］潘承斌，梁育民. 张扬个性的个性经济［J］. 中国城市经济，2012（2）：275—277.

［51］潘煜，高丽，张星等. 中国文化背景下的消费者价值观研究——量表开发与比较［J］. 管理世界，2014（4）：90—106.

［52］彭兰. 社会化媒体：媒介融合的深层影响力量［J］. 江淮论坛，2015（1）：152—156.

［53］冉晓斌，刘跃文，姜锦虎. 数据驱动下的个体移动服务产品采纳行为的扩散研究［J］. 中国管理科学，2017，25（9）：141—147.

［54］施卓敏，范丽洁，叶锦锋. 中国人的脸面观及其对消费者解读奢侈品广告的影响研究［J］. 南开管理评论，2012，15（1）：151—160.

［55］罗宾斯，贾奇. 组织行为学［M］. 孙健敏，李原，黄小勇，译. 北京：中国人民大学出版社，2012.

［56］宋晓兵，吴育振，马鹏飞. 产品普及率对双维度感知面子的影响：自我建构的调节作用研究［J］. 管理评论，2017，29（9）：155—166.

［57］宋艳，黄梦璇，刘峰，等. 新兴技术产品早期市场用户采用意向实证研究［J］. 科学学研究，2012，（10）：1546—1557，1578.

［58］隋岩，曹飞. 论群体传播时代的莅临［J］. 北京大学学报：哲学社会科学版，2012（5）：139—147.

［59］隋岩，罗瑜. 论网络语言对话语权的影响［J］. 当代传播，2019（4）：5.

［60］隋岩. 群体传播时代：信息生产方式的变革与影响［J］. 中国社会科学，2018（11）：114—134.

［61］陶晓波，张欣瑞，杨建坤，等. 在线评论、感知有用性与新

产品扩散的关系研究［J］. 中国软科学，2017，319（7）：162—171.

［62］万良勇，梁婵娟，饶静. 上市公司并购决策的行业同群效应研究［J］. 南开管理评论，2016，19（3）：40—50.

［63］王兵，杨宝，冯子珈. 同群效应：同辈群体影响大学生创业意愿吗［J］. 科学学研究，2017，35（4）：593—599.

［64］王殿文，周元元，黄敏学. 社会影响对不同类型虚拟产品扩散的差异化作用［J］. 南开管理评论，2018，21（2）：52—61.

［65］王明会，丁焰，白良. 社会化媒体发展现状及其趋势分析［J］. 信息通信技术，2011，05（5）：5—10.

［66］危小超，李岩峰，聂规划，等. 基于后悔理论与多 Agent 模拟的新产品扩散消费者决策互动行为研究［J］. 中国管理科学，2017，25（11）：66—75.

［67］温忠麟，侯杰泰，张雷. 调节效应与中介效应的比较和应用［J］. 心理学报，2005，37（2）：268—274.

［68］晏艳阳，邓嘉宜，文丹艳. 同群效应对创业活动影响的模型构建与实证［J］. 中国管理科学，2018，26（5）：147—156.

［69］杨敬舒，晁钢令. 中国居民攀比性消费行为的成因和影响研究［J］. 消费经济，2009（6）：53—56.

［70］姚建平. 消费认同［M］. 北京：社会科学文献出版社，2006.

［71］姚卿，陈荣，段苏桓. 产品类型对购物冲量效应的调节作用分析. 心理学报，2013，45（2）：206—216.

［72］姚卿. 享乐品和实用品对后续购买行为的影响差异研究［D］. 北京：清华大学，2012.

［73］欧菲克·穆勒，李白. 创新的价值［M］. 杨清波，译. 北京：中信出版社，2018.

［74］张康之. 论后工业化进程中的个性化［J］. 武汉大学学报（人文科学版），2017，70（3）：14—21.

[75] 张宁俊，张露，王国瑞. 关系强度对团队创造力的作用机理研究 [J]. 管理科学，2019，32 (1)：101—113.

[76] 张文彤. SPSS11 统计分析教程（高级篇）[M]. 北京：北京希望电子出版社，2002.

[77] 张晓军，李仕明，何铮. 社会关系网络密度对创新扩散的影响 [J]. 系统工程，2009，27 (1)：92—97.

[78] 张新，马良，张戈. 社交媒体使用与员工绩效的关系研究 [J]. 管理科学，2018，31 (2)：71—82.

[79] 张艳辉，李宗伟. 在线评论有用性的影响因素研究：基于产品类型的调节效应 [J]. 管理评论，2016，28 (10)：123—132.

[80] 赵驹. 运用整合营销理论指导奢侈品营销 [J]. 北京工商大学学报（社会科学版），2006，21 (3)：63—65.

[81] 赵颖. 中国上市公司高管薪酬的同群效应分析 [J]. 中国工业经济，2016 (2)：114—129.

[82] 赵占波，涂荣庭，涂平. 产品的功能性和享乐性属性对满意度与购后行为的影响 [J]. 营销科学学报，2007，3 (3)：50.

[83] 郑磊. 教育中的社区效应和同伴效应：方法、证据及政策启示 [J]. 教育学报，2015 (5)：99—110.

[84] 郑风田，郎晓娟. 同群效应理论研究的若干新进展 [J]. 经济学动态，2007 (2)：69—73.

[85] 郑毓煌. 理由启发式：消费者购买或选择享乐品的一个简单而有效的决策过程 [J]. 营销科学学报，2007，3 (4)：63.

[86] 中共中央马克思恩格斯列宁斯大林著作编译局. 马克思恩格斯选集（第 2 卷）[M]. 北京：人民出版社，1995：87.

[87] 钟田丽，张天宇. 我国企业资本结构决策行为的“同伴效应”——来自深沪两市 A 股上市公司面板数据的实证检验 [J]. 南开管理评论，2017，20 (2)：58—70.

[88] 周建国. 关系强度、关系信任还是关系认同——关于中国

人人际交往的一种解释［J］．社会科学研究，2010（1）：97—102.

［89］朱月季．社会网络视角下的农业创新采纳与扩散［J］．中国农村经济，2016（9）：58—71.

［90］Adamic L，Adar E. How to search a social network［J］．Social networks，2003，27（3）：187—203.

［91］Agichtein E，Castillo C，Donato D，et al. Finding high-quality content in social media［C］//International conference on web search and data mi，2008－02－11，2008：183—194.

［92］Aichner T，Jacob F. Measuring the degree of corporate social media use［J］．International journal of market research，2015，57（2）：257—275.

［93］Ajzen I，Fishbein M. The influence of attitudes on behavior［J］．The handbook of attitudes，2005，173（221）：31.

［94］Ajzen I. The theory of planned behavior［J］．Organizational behavior and human decision processes，1991，50（2）：179—211.

［95］Alexander Jr C N，Campbell E Q. Peer influences on adolescent educational aspirations and attainments［J］．American sociological review，1964：568—575.

［96］Algesheimer R，Dholakia U M，Herrmann A. The social influence of brand community：Evidence from European car clubs［J］．Journal of marketing，2005，69（3）：19—34.

［97］Allen J P，Porter M R，McFarland F C. Leaders and followers in adolescent close friendships：Susceptibility to peer influence as a predictor of risky behavior，friendship instability，and depression［J］．Development and psychopathology，2006，18（1）：155—172.

［98］Anagnostopoulos A，Kumar R，Mahdian M. Influence and correlation in social networks［C］//Proceedings of the 14th ACM SIGKDD international conference on knowledge discovery and data mining. ACM，

2008：7—15.

［99］ Aral S，Muchnik L，Sundararajan A. Distinguishing influence-based contagion from homophily-driven diffusion in dynamic networks ［J］. Proceedings of the national academy of sciences，2009，106（51）：21544—21549.

［100］ Aral S，Walker D. Creating social contagion through viral product design：A randomized trial of peer influence in networks ［J］. Management science，2011，57（9）：1623—1639.

［101］ Aral S，Walker D. Tie strength，embeddedness，and social influence：A large-scale networked experiment ［J］. Management Science，2014，60（6）：1352—1370.

［102］ Aral S，Walker D. Identifying influential and susceptible members of social networks ［J］. Science，2012，337（20）：336—341.

［103］ Arndt J. Role of product-related conversations in the diffusion of a new product ［J］. Journal of marketing research，1967，4（3）：291—295.

［104］ Atkinson J W. The achievement motive and recall of interrupted and completed tasks ［J］. Journal of experimental psychology，1953，46（6）：381—390.

［105］ Azjen，Fishbein. Understanding attitudes and predicting social behavior ［M］. Englewood cliffs，1980.

［106］ Azoulay P，Graff Zivin J S，Wang J. Superstar extinction ［J］. The quarterly journal of economics，2010，125（2）：549—589.

［107］ Bakshy E，Eckles D，Yan R，et al. Social influence in social advertising：evidence from field experiments ［C］//Proceedings of the 13th ACM conference on electronic commerce. ACM，2012：146—161.

［108］ Bala V，Goyal S. Learning from neighbours ［J］. The review of economic studies，1998，65（3）：595—621.

[109] Bandiera O, Barankay I, Rasul I. Social connections and incentives in the workplace: Evidence from personnel data [J]. Econometrica, 2009, 77 (4): 1047—1094.

[110] Bandiera O, Barankay I, Rasul I. Social preferences and the response to incentives: Evidence from personnel data [J]. The quarterly journal of economics, 2005, 120 (3): 917—962.

[111] Bandiera O, Rasul I. Social networks and technology adoption in northern Mozambique [J]. The economic journal, 2006, 116 (514): 869—902.

[112] Bandura A, Walters R H. Social learning theory [M]. Englewood Cliffs, NJ: Prentice-hall, 1977.

[113] Banerjee A, Chandrasekhar A G, Duflo E, et al. The diffusion of microfinance [J]. Science, 2013, 341 (6144): 1236498.

[114] Bapna R, Umyarov A. Do your online friends make you pay? A randomized field experiment on peer influence in online social networks [J]. Management science, 2015, 61 (8): 1902—1920.

[115] Barczak G, Griffin A, Kahn K B. Perspective: Trends and drivers of success in npd practices: Results of the 2003 Pdma best practices study [J]. Journal of product innovation management, 2010, 26 (1): 3—23.

[116] Bass F M. A new product growth for model consumer durables [J]. Management science, 1969, 15 (5): 215—227.

[117] Bayus B L. Forecasting sales of contingent products: An application to the compact disc market [J]. Journal of product innovation management, 1987, 4 (4): 243—255.

[118] Bearden W O, Etzel M J. Reference group influence on product and brand purchase decisions [J]. Journal of consumer research, 1982, 9 (2): 183—194.

[119] Bearden W O, Netemeyer R G, Teel J E. Measurement of consumer susceptibility to interpersonal influence [J]. Journal of consumer research, 1989, 15 (4): 473—481.

[120] Belk R W. Possessions and the extended self [J]. Journal of consumer research, 1988, 15 (2): 139—168.

[121] Bell D R, Song S. Neighborhood effects and trial on the Internet: Evidence from online grocery retailing [J]. Quantitative marketing and economics, 2007, 5 (4): 361—400.

[122] Belo R, Ferreira P A. Peer influence in viral products: Empirical evidence from a large mobile network [J]. Working paper, Heinz School, Carnegie Mellon University, Pittsburgh, 2017.

[123] Bem D J. Self-perception theory [M] //Advances in experimental social psychology. Academic press, 1972, 6: 1—62.

[124] Bennett R J, Robinson S L. Development of a measure of workplace deviance [J]. Journal of applied psychology, 2000, 85 (3): 349—360.

[125] Berger C R, Calabrese R J. Some explorations in initial interaction and beyond: Toward a developmental theory of interpersonal communication [J]. Human communication research, 1974, 1 (2): 99—112.

[126] Berger J, Heath C. Where consumers diverge from others: Identity signaling and product domains [J]. Journal of consumer research, 2007, 34 (2): 121—134.

[127] Berger J. Word of mouth and interpersonal communication: A review and directions for future research [J]. Journal of consumer psychology, 2014, 24 (4): 586—607.

[128] Berry C J. The idea of luxury: A conceptual and historical investigation [M]. Cambridge University Press, 1994.

[129] Bian Q, Forsythe S. Purchase Intention for Luxury Brands: A

Cross Cultural Comparison [J]. Journal of business research, 2011, 65 (10): 1443—1451.

[130] Blakemore S J, Choudhury S. Development of the adolescent brain: implications for executive function and social cognition [J]. Journal of child psychology and psychiatry, 2006, 47 (3-4): 296—312.

[131] Bollinger B, Gillingham K. Environmental preferences and peer effects in the diffusion of solar photovoltaic panels [J]. Unpublished manuscript, 2010.

[132] Bollinger B, Gillingham K. Peer effects in the diffusion of solar photovoltaic panels [J]. Marketing science, 2012, 31 (6): 900—912.

[133] Bornstein B H. The ecological validity of jury simulations: Is the jury still out? [J]. Law and human Behavior, 1999, 23 (1): 75—91.

[134] Borsari B, Carey K B. Peer influences on college drinking: A review of the research [J]. Journal of substance abuse, 2001, 13 (4): 391—424.

[135] Bourdieu P. Espace social et genèse des "classes" [J]. Actes de la recherche en sciences sociales, 1984, 52 (1): 3—14.

[136] Bourne F S. Group influence in marketing and public relations [J]. Some applications of behavioral research, 1957: 207—255.

[137] Boyd D, Ellison N. Social network sites: definition, history, and scholarship [J]. Journal of computer-mediated communication, 2007, 13 (1): 210—230.

[138] Brechwald W A, Prinstein M J. Beyond homophily: A decade of advances in understanding peer influence processes [J]. Journal of research on adolescence, 2011, 21 (1): 166—179.

[139] Brown J J, Reingen P H. Social ties and word-of-mouth referral behavior [J]. Journal of Consumer research, 1987, 14 (3): 350—362.

[140] Budak C, Agrawal D, El Abbadi A. Diffusion of information

in social networks: Is it all local? [C] //Proceedings of the 2012 IEEE 12th international conference on data mining. IEEE computer society, 2012.

[141] Bühler C, Anderson J E. A handbook of child psychology [M]. H. Milford, Oxford University Press, 1931.

[142] Burnkrant R E, Cousineau A. Informational and normative social influence in buyer behavior [J]. Journal of consumer research, 1975, 2 (3): 206—215.

[143] Burt R S. Social contagion and innovation: Cohesion versus structural equivalence [J]. American journal of sociology, 1987, 92 (6): 1287—1335.

[144] Carr C T, Hayes R A. Social media: defining, developing, and divining [J]. Atlantic journal of communication, 2015, 23 (1): 46—65.

[145] Caspi A. Why maladaptive behaviors persist: Sources of continuity and change across the life course [J]. 1993: 219—231.

[146] Chan, T. Y. , Li, J. and Pierce, L. , Learning from peers: Knowledge transfer and sales force productivity growth [J]. Marketing Science, 2014a, 33 (4) 463—484.

[147] Chan, T. Y. , Li, J. and Pierce, L. , Compensation and peer effects in competing sales teams [J]. Management Science, 2014b, 60 (8) 1965—1984.

[148] Chandrasekaran D, Tellis G J. A critical review of marketing research on diffusion of new products [M] //Review of marketing research. emerald group publishing limited, 2007: 39—80.

[149] Chandrasekaran D, Tellis G J. A summary and review of new product diffusion models and key findings [J]. Handbook of Research on new product development, 2018: 291—309.

[150] Chang H. H., Chuang S. S.. Social capital and individual motivations on knowledge sharing: Participant involvement as a moderator [J]. Information&management, 2011, 48 (1): 9—18.

[151] Chatterjee R A, Eliashberg J. The innovation diffusion process in a heterogeneous population: A micromode-ling approach [J]. Management science, 1990, 36 (9): 1057—1079.

[152] Cheema A, Papatla P. Relative importance of online versus offline information for Internet purchases: Product category and Internet experience effects [J]. Journal of business research, 2010, 63 (9-10): 979—985.

[153] Chen A J, Karahanna E. Personal life interrupted: Understanding the effects of technology-mediated interruptions from work to personal life [J]. Thirty second international conference on information systems, Shanghai 2011.

[154] Chen J V, Su B, Widjaja A E. Facebook C2C social commerce: A study of online impulse buying [J]. Decision support systems, 2016, 83: 57—69.

[155] Chevalier J A, Mayzlin D. The effect of word of mouth on sales: Online book reviews [J]. Journal of marketing research, 2006, 43 (3): 345—354.

[156] Childers T L, Rao A R. The Influence of Familial and Peer-based Reference Groups on Consumer Decisions [J]. Journal of Consumer Research, 1992, 19 (2): 198—211.

[157] Chittenden G E. An experimental study in measuring and modifying assertive behavior in young children [J]. Monographs of the Society for Research in Child Development, 1942, 7 (1): 1—87.

[158] Chitturi R, Raghunathan R, Mahajan V. Delight by design: The role of hedonic versus utilitarian benefits [J]. Journal of marketing,

2008, 72 (3): 48—63.

[159] Christophe V D B, Lilien G L. Medical innovation revisited: Social contagion versus marketing effort. [J]. American journal of sociology, 2001, 106 (5): 1409—1435.

[160] Chung A, Seixas A, Vieira D, et al. The role of peer influence on food choice behaviors in social media platform environments: a scoping review [J]. Journal of nutrition education and behavior, 2018, 50 (7).

[161] Chung J E. Peer influence of online comments in newspapers: Applying social norms and the social identification model of deindividuation effects (SIDE) [J]. Social science computer review, 2019, 37 (4): 551—567.

[162] Cohen J M. Sources of peer group homogeneity [J]. Sociology of education, 1977, 50 (4): 227—241.

[163] Cohen J, Cohen P. Applied multiple regression/Correlation analysis for the behavioral sciences (2nd edition) [M]. Hillsdale: Erlbaum, 1983.

[164] Cohen L, Frazzini A, Malloy C. The small world of investing: Board connections and mutual fund returns [J]. Journal of political economy, 2008, 116 (5): 951—979.

[165] Coleman J. S, E. Katz, and H. Menzel. Medical Innovation: A diffusion study [M]. Indianapolis: Bobbs-Merrill, 1966.

[166] Comrey A L, Backer T E, Glaser E M. A sourcebook for mental health measures [M]. Oxford: Human interaction research inst, 1973.

[167] Cooley C H. Two major works: Social organization. Human nature and the social order [M]. Glencoe, Ill. , Free P, 1909.

[168] Copeland M T. Relation of consumers' buying habits to market-

ing methods [J]. Harvard Business Review, 1923, 1 (2): 282—289.

[169] Coträu D. Social Media and Gratification [J]. Caietele Echinox, 2015 (28): 171—176.

[170] Coviello L, Sohn Y, Kramer A D I, et al. Detecting emotional contagion in massive social networks [J]. PloS one, 2014, 9 (3): e90315.

[171] Crowley A E, Spangenberg E R, Hughes K R. Measuring the hedonic and utilitarian dimensions of attitudes toward product categories [J]. Marketing letters, 1992, 3 (3): 239—249.

[172] Damasio A. R. Descartes' Error: Emotion, reason, and the human brain [M]. New York: GP Putnam's Sons, 1994.

[173] De bruyn A, Lilien G L. A Multi-stage model of word-of-mouth influence through viral marketing [J]. International journal of research in marketing, 2008, 25 (3): 151—163.

[174] Deaton A, Muellbauer J. Economics and consumer behavior: The demand for durable goods [M]. London: cambridge university press. 1980.

[175] DeLay D, Hanish L D, Martin C L, et al. Peer effects on head start children's preschool competency [J]. Developmental psychology, 2016, 52 (1): 58—70.

[176] Deutsch M, Gerard H B. A study of normative and informational social influences upon individual judgment. [J]. J Abnorm Psychol, 1955, 51 (1): 629—636.

[177] Dhar R, Wertenbroch K . Consumer choice between hedonic and utilitarian goods [J]. Journal of marketing research, 2000, 37 (1): 60—71.

[178] Dholakia U M, Gopinath M, Bagozzi R P. The role of desires in sequential impulsive choices [J]. Organizational behavior & human

decision processes, 2005, 98 (2): 179—194.

[179] Dillman D A. Mail and telephone surveys: The total design method [M]. New York: Wiley, 1978.

[180] Ding D, Bhattacharya P, Phan T Q, et al. The Impact of peer influence on academic performance: A three-stage co-evolution model [C]. Thirty ninth international conference on information systems, San Francisco, 2018: 1—9.

[181] Dishion T J, Eddy J M, Haas E, et al. Friendships and violent behavior during adolescence [J]. Social development, 1997, 6 (2): 207—223.

[182] Dishion T J, Patterson G R, Cicchetti D, et al. Developmental psychopathology: Risk, disorder, and adaptation [M]. New York, NY: Wiley, 2006.

[183] Dishion T J, Bullock B M, Granic I. Pragmatism in modeling peer influence: dynamics, outcomes, and change processes [J]. Development and psychopathology, 2002, 14 (4): 969—981.

[184] Dodds P S, Watts D J. Universal behavior in a generalized model of contagion [J]. Physical review letters, 2004, 92 (21): 218701 (1-4).

[185] Dodds P S. Information exchange and robustness of organizational networks; apr. 2003 [J]. Proceedings of the national academy of sciences, 100 (21): 12516—12521.

[186] Dodds W. B., Monroe K. B., Grewal D. effects of price, brand, and store information on buyers' product evaluations [J]. Journal of marketing research, 1991, 28 (3): 307—319.

[187] Dodson J A, Muller E. Models of new product diffusion through advertising and word-of-mouth [J]. Management science, 1978, 24 (15): 1568—1578.

[188] Dolan R J. Emotion, cognition, and behavior [J]. science, 2002, 298 (5596): 1191—1194.

[189] Donohue J M, Guclu H, Gellad W F, et al. Influence of peer networks on physician adoption of new drugs [J]. PloS one, 2018, 13 (10): e0204826.

[190] Du R Y, Kamakura W A. Measuring contagion in the diffusion of consumer packaged goods [J]. Journal of marketing research, 2011, 48 (1): 28—47.

[191] Dunn S C, Seaker R F, Waller M A. Latent variables in business logistics research: scale development and validation [J]. Journal of business logistics, 1994, 15 (2): 145—172.

[192] Easingwood C J, Mahajan V, Muller E. a nonuniform influence innovation diffusion model of new product acceptance [J]. Marketing science, 1983, 2 (3): 273—295.

[193] Ellis A. Reason and emotion in psychotherapy [M]. New York: lyle stuart, 1962.

[194] Ellison G, Fudenberg D. Rules of thumb for social learning [J]. Journal of political Economy, 1993, 101 (4): 612—643.

[195] Falk A, Ichino A. Clean evidence on peer effects [J]. Journal of labor economics, 2006, 24 (1): 39—57.

[196] Festinger L. A theory of social comparison processes [J]. Human relations, 1954, 7 (2): 117—140.

[197] Fowler J H, Christakis N A. Cooperative behavior cascades in human social networks [J]. proceedings of the national academy of sciences, 2010, 107 (12): 5334—5338.

[198] Frenzen J K, Davis H L. Purchasing behavior in embedded markets [J]. Journal of consumer research, 1990, 17 (1): 1—12.

[199] Garcia R. Uses of agent-based modeling in innovation/new

product development research [J]. Journal of product innovation management, 2005, 22 (5): 380—398.

[200] Gaston M E, Desjardins M. Agent-organized networks for multi-agent production and exchange [C]. Pitts-burgh: The twentieth national conference on artificial intelligence and the seventeenth innovative applications of artificial intelligence conference, 2005.

[201] Ghose A, Han S P. An empirical analysis of user content generation and usage behavior on the mobile Internet [J]. Management science, 2011, 57 (9): 1671—1691.

[202] Ghose A, Han S. Analyzing the impact of social networks, spatial networks and geographical mobility on user behavior in the mobile internet [C] //20th annual workshop on information technologies and systems, WITS 2010. Social science research network, 2010.

[203] Gillani F. Impact of peer pressure and store atmosphere on purchase intention: an empirical study on the youngsters in pakistan [J]. International journal of academic research in business and social sciences, 2012, 2 (7): 323.

[204] Glaeser E L, Scheinkman J A, Sacerdote B I. The social multiplier [J]. Journal of the european economic association, 2003, 1 (2): 345—353.

[205] Godes D, Mayzlin D. Using online conversations to study word-of-mouth communication [J]. Marketing science, 2004, 23 (4): 545—560.

[206] Godinho de Matos M, Ferreira P, Krackhardt D. Peer influence in the diffusion of the iPhone 3G over a large social network [J]. Management information systems quarterly, 2014, 38 (4): 1103—1133.

[207] Goel S, Watts D J, Goldstein D G. The structure of online

diffusion networks [C] //Proceedings of the 13th ACM conference on electronic commerce. ACM, 2012: 623—638.

[208] Goffman E. The moral career of the mental patient [J]. Psychiatry, 1959, 22 (2): 123—142.

[209] Goldenberg J, Han S, Lehmann D R, et al. The role of hubs in the adoption process [J]. Journal of marketing, 2009, 73 (2): 1—13.

[210] Goldenberg J, Libai B, Muller E. Riding the saddle: How cross-market communications can create a major slump in sales [J]. Journal of marketing, 2002, 66 (2): 1—16.

[211] Goldenberg J, Libai B, Muller E. The chilling effects of network externalities [J]. International journal of research in marketing, 2010, 27 (1): 4—15.

[212] Goldenberg J, Libai B, Muller E. Talk of the network: a complex systems look at the underlying process of word-of-mouth [J]. Marketing letters, 2001, 12 (3): 211—223.

[213] Goldstein N J, Cialdini R B, Griskevicius V. A room with a viewpoint: Using social norms to motivate environmental conservation in hotels [J]. Journal of consumer research, 2008, 35 (3): 472—482.

[214] Goolsbee A, Klenow P J. Evidence on learning and network externalities in the diffusion of home computers [J]. The journal of law and economics, 2002, 45 (2): 317—343.

[215] Grange C, Benbasat I. Online social shopping: The functions and symbols of design artifacts [C] //2010 43rd Hawaii international conference on system sciences. IEEE, 2010: 1—10.

[216] Granovetter M S. The strength of weak ties [J]. Social science electronic publishing, 1973, 78 (2): 1360—1380.

[217] Granovetter M. Threshold models of collective behavior [J]. American journal of sociology, 1978, 83 (6): 1420—1443.

[218] Greszczuk C, Mughal F, Mathew R, et al. Peer influence as a driver of technological innovation in the UK National Health Service: a qualitative study of clinicians' experiences and attitudes [J]. BMJ Innovations, 2018, 4 (2): 68—74.

[219] Grosbras M H, Jansen M, Leonard G, et al. Neural mechanisms of resistance to peer influence in early adolescence [J]. Journal of neuroscience, 2007, 27 (30): 8040—8045.

[220] Guryan J, Kroft K, Notowidigdo M J. Peer effects in the workplace: Evidence from random groupings in professional golf tournaments [J]. American economic journal: Applied economics, 2009, 1 (4): 34—68.

[221] Hallinan M T, Williams R A. Students' Characteristics and The peer-influence process [J]. Sociology of education, 1990, 63 (2): 122—132.

[222] Hallinan M T, Williams R A. Students' characteristics and the peer-influence process [J]. Sociology of education, 1990, 63 (2): 122—132.

[223] Harden K P, Hill J E, Turkheimer E, et al. Gene-environment correlation and interaction in peer effects on adolescent alcohol and tobacco use [J]. Behavior genetics, 2008, 38 (4): 339—347.

[224] Harmancioglu N, Zachary Finney R, Joseph M. Impulse purchases of new products: An empirical analysis [J]. Journal of Product & Brand Management, 2009, 18 (1): 27—37.

[225] Harris J R. Where is the child's environment? A group socialization theory of development [J]. Psychological review, 1995, 102 (3): 458.

[226] Hartup W W. Peer interaction: What causes what? [J]. Journal of Abnormal child psychology, 2005, 33 (3): 387—394.

[227] Hatfield E, Cacioppo J T, Rapson R L. Emotional contagion [J]. Current directions in psychological science, 1993, 2 (3): 96—100.

[228] Haunschild P R, Miner A S. Modes of interorganizational imitation: The effects of outcome salience and uncertainty [J]. Administrative science quarterly, 1997: 472—500.

[229] Hennig-Thurau T, Groth M, Paul M, et al. Are all smiles created equal? How emotional contagion and emotional labor affect service relationships [J]. Journal of marketing, 2006, 70 (3): 58—73.

[230] Hennig-Thurau T, Wiertz C, Feldhaus F. Does Twitter matter? The impact of microblogging word of mouth on consumers' adoption of new movies [J]. Journal of the academy of marketing science, 2015, 43 (3): 375—394.

[231] Hinkin T R. A review of scale development practices in the study of organizations [J]. Journal of management, 1995, 21 (5): 967—988.

[232] Hinz O, Schulze C, Takac C. New product adoption in social networks: Why direction matters [J]. Journal of business research, 2014, 67 (1): 2836—2844.

[233] Hirschman E C, Holbrook M B. Hedonic consumption: emerging concepts, methods and propositions [J]. Journal of marketing, 1982, 46 (3): 92—101.

[234] Hiwatari M. Social networks and migration decisions: The influence of peer effects in rural households in central Asia [J]. Journal of comparative economics, 2016, 44 (4): 1115—1131.

[235] Horsky D. A diffusion model incorporating product benefits, price, income and information [J]. Marketing science, 1990, 9 (4): 342—365

[236] Howard P N, Parks M R. Social media and political change:

Capacity, constraint, and consequence [J]. Journal of communication, 2012, 62 (2): 359—362.

[237] Hoxby C. Peer effects in the classroom: Learning from gender and race variation [J]. Working paper, national bureau of economic research, 2000: 1—64.

[238] Hsee C K. The evaluability hypothesis: An explanation for preference reversals between joint and separate evaluations of alternatives [J]. 1996, 67 (3): 247—257.

[239] Hu L, Wilder B, Yadav A, et al. Activating the: modeling influence spread in natural-world social networks [C] //Proceedings of the 17th international conference on autonomous agents and multiagent systems. international foundation for autonomous agents and multiagent systems, 2018: 1631—1639.

[240] Xi H, Hong Z, Sun J, et al. Impulsive purchase behaviour in social commerce: The role of social influence [C] //PACIS. 2016: 364.

[241] Hu Y, Bulte C V D. Nonmonotonic status effects in new product adoption [J]. Marketing science, 2014, 33 (4): 509—533.

[242] Huang Z, Benyoucef M. From e-commerce to social commerce: A close look at design features [J]. Electronic commerce research and applications, 2013, 12 (4): 246—259.

[243] Iyengar, Raghuram, Christophe Van den Bulte, and Thomas W. Valente. Opinion leadership and social contagion in new product diffusion [J]. Marketing science, 2011, 30 (2): 195—212.

[244] Jain D, Mahajan V, Muller E. Innovation diffusion in the presence of supply restrictions [J]. MarketingScience, 1991, 10 (1): 83—90.

[245] Janiszewski C. Preattentive mere exposure effects [J]. Jour-

nal of consumer research, 1993, 20 (3): 376—392.

[246] Jiang Z, Benbasat I. Investigating the influence of the functional mechanisms of online product presentations [J]. Information systems research, 2007, 18 (4): 454—470.

[247] John K, Kadyrzhanova D. Peer Effects in corporate governance [J]. SSRN electronic journal, 2008: 1—47.

[248] Kandel D B. Homophily, selection, and socialization in adolescent friendships [J]. American journal of sociology, 1978, 84 (2): 427—436.

[249] Kandel D B. Similarity in real-life adolescent friendship pairs [J]. Journal of personality and social psychology, 1978, 36 (3): 306.

[250] Kandel E, Lazear E P. Peer pressure and partnerships [J]. Journal of political Economy, 1992, 100 (4): 801—817.

[251] Kaplan A M, Haenlein M. Users of the world, Unite! The challenges and opportunities of social media [J]. Business horizons, 2010, 53 (1): 0—68.

[252] Katz E, Lazarsfeld PF. Personal influence [M]. New York: Free Press, 1955.

[253] Kelly H H. Two functions of a reference group: In G. Swanson, T. Newcomb & E. Hartely (Eds.) . Readings in social psychology [J]. 1952: 410—414.

[254] Keltner D, Haidt J. Social functions of emotions at four levels of analysis [J]. Cognition & emotion, 1999, 13 (5): 505—521.

[255] Kempe D, Kleinberg J, Tardos É. Maximizing the spread of influence through a social network [C] //Proceedings of the ninth ACM SIGKDD international conference on knowledge discovery and data mining. ACM, 2003: 137—146.

[256] Kendler K S, Ohlsson H, Sundquist J, et al. Triparental

families: A new genetic-epidemiological design applied to drug abuse, alcohol use disorders, and criminal behavior in a Swedish national sample [J]. American journal of psychiatry, 2015, 172 (6): 553—560.

[257] Kent M L. Directions in social media for professionals and scholars [J]. The Sage handbook of public relations, 2010, 2: 643—656.

[258] Kermack W O, McKendrick A G. A contribution to the mathematical theory of epidemics [J]. Proceedings of the royal society of london. Series A, Containing papers of a mathematical and physical character, 1927, 115 (772): 700—721.

[259] Khan U, Dhar R. Licensing effect in consumer choice [J]. Journal of marketing research, 2006, 43 (2): 259—266.

[260] Kietzmann J H, Hermkens K, Mccarthy I P, et al. Social media? Get serious! Understanding the functional building blocks of social media [J]. Business horizons, 2011, 54 (3): 241—251.

[261] Kim C, Lee J K. Social media type matters: Investigating the relationship between motivation and online social network heterogeneity [J]. Journal of broadcasting & electronic media, 2016: 676—693.

[262] Kim H J, Son I S, Lee D W. The viral effect of online social network on new products promotion: investigating information diffusion on Twitter [J]. Journal of intelligence and information systems, 2012, 18 (2): 107—130.

[263] King M F, Balasubramanian S K. The effects of expertise, end goal, and product type on adoption of preference formation strategy [J]. Journal of the academy of marketing science, 1994, 22 (2): 146—159.

[264] Kirkpatrick D. The Facebook effect: The inside story of the company that is connecting the world [M]. Simon and Schuster, 2011.

[265] Kivetz R, Simonson I. Earning the Right to Indulge: Effort as

a determinant of customer preferences toward frequency program rewards [J]. Journal of marketing research, 2002a, 39 (2): 155—170.

[266] Kivetz R, Simonson I. Self-Control for the righteous: toward a theory of precommitment to indulgence [J]. Journal of consumer research, 2002, 29 (2): 199—217.

[267] Kivetz R, Zheng Y. Determinants of justification and self-control. [J]. Journal of experimental psychology: General, 2006, 135 (4): 572—587.

[268] Klenow P J, Goolsbee A. Evidence on learning and network externalities in the diffusion of home computers [M]. National bureau of economic research, 1999.

[269] Knewtson H S, Sias R W. Why susie owns starbucks: The name letter effect in security selection [J]. Journal of business research, 2010, 63 (12): 1324—1327.

[270] Knez M, Simester D. Firm-wide incentives and mutual monitoring at continental airlines [J]. Journal of labor economics, 2001, 19 (4): 743—772.

[271] Knight D K, Young Kim E. Japanese consumers' need for uniqueness: Effects on brand perceptions and purchase intention [J]. Journal of fashion marketing and management: An international journal, 2007, 11 (2): 270—280.

[272] Kobus K. Peers and adolescent smoking [J]. Addiction, 2003, 98: 37—55.

[273] Kossinets G, Watts D J. Empirical analysis of an evolving social network [J]. Science, 2006, 311 (5757): 88—90.

[274] Kozlenkova I V, Palmatier R W, Fang E, et al. Online relationship formation [J]. Journal of Marketing, 2017, 81 (3): 21—40.

[275] Kremer M, Levy D. Peer effects and alcohol use among col-

lege students [J]. Journal of economic perspectives, 2008, 22 (3): 189—206.

[276] Kuandykov L, Sokolov M. Impact of social neighbor-hood on diffusion of innovation S-curve [J]. Decision support systems, 2010, 48 (4): 531—535.

[277] Lakon C M, Wang C, Butts C T, et al. A dynamic model of adolescent friendship networks, parental influences, and smoking [J]. Journal of youth and adolescence, 2015, 44 (9): 1767—1786.

[278] Lampel J, Bhalla A. The role of status seeking in online communities: Giving the gift of experience [J]. Journal of computer-mediated communication, 2007, 12 (2): 434—455.

[279] Latané B, Wolf S. The social impact of majorities and minorities [J]. Psychological review, 1981, 88 (5): 438.

[280] Latane B, Nida S. Social impact theory and group influence: A social engineering perspective [J]. Psychology of group influence, 1980: 3—34.

[281] Lazear E P, Rosen S. Rank-order tournaments as optimum labor contracts [J]. Journal of political economy, 1981, 89 (5): 841—864.

[282] Lea M, Spears R, Watt S E, et al. The Inside story: social psychological processes affecting on-line groups [M]. Amsterdam, the nether-lands: Royal netherlands academy of arts and sciences, 2000.

[283] Leal G P A, Hor-Meyll L F, de Paula Pessôa L A G. Influence of virtual communities in purchasing decisions: The participants' perspective [J]. Journal of business research, 2014, 67 (5): 882—890.

[284] Leary M T, Roberts M R. Do peer firms affect corporate financial policy? [J]. Journal of finance, 2014, 69 (1): 139—178.

[285] Leary T. Interpersonal diagnosis of personality: A functional

theory and methodology for personality evaluation [M]. Wipf and Stock Publishers, 2004.

[286] Ledoux J. Emotion, memory, and the brain [J]. 2002, 12 (12): 67—72.

[287] Lee E J. When and how does depersonalization increase conformity to group norms in computer-mediated communication [J]. Communication research, 2006, 33 (6): 423—447.

[288] Lee H H, Jin Ma Y. Consumer perceptions of online consumer product and service reviews: Focusing on information processing confidence and susceptibility to peer influence [J]. Journal of research in interactive marketing, 2012, 6 (2): 110—132.

[289] Lee S H M. The Role of consumers' network positions on information-seeking behavior of experts and novices: A power perspective [J]. Journal of business research, 2014, 67 (1): 2853—2859.

[290] Leonardi P M. Ambient awareness and knowledge acquisition: using social media to learn 'who knows what' and 'who knows whom' [J]. Mis Quarterly, 2015, 39 (4), 747—762.

[291] Lessem N, Vaughn R. Image motivation in green consumption [J]. Manuscript, UCLA economics department, 2009.

[292] Lewis J D. The need for cognition and the adoption of new technology: a study of how the elaboration likelihood impacts diffusion of innovation [D]. University of alabama libraries, 2016.

[293] Lewis J D. The need for cognition and the adoption of new technology: a study of how the elaboration likelihood impacts diffusion of innovation [D]. University of Alabama Libraries, 2016.

[294] Lewis K, Gonzalez M, Kaufman J. Social selection and peer influence in an online social network [J]. Proceedings of the national academy of sciences, 2012, 109 (1): 68—72.

[295] Liang H, Shen F. Birds of a schedule flock together: Social networks, peer influence, and digital activity cycles [J]. Computers in human behavior, 2018, 82: 167—176.

[296] Lilien G L, Rao A G, Kalish S. Bayesian estimation and control of detailing effort in a repeat purchase diffusion environment [J]. Management science, 1981, 27 (5): 493—506.

[297] Liu H, Wen W, Whinston A B. Peer influence in the workplace: Evidence from an enterprise digital platform [J]. Working Paper, Available at SSRN 3267050, 2018.

[298] Lord K R, Lee M S, Choong P. Differences in normative and informational social influence [J]. Advances in consumer research, 2001.

[299] Luan Y J, Neslin S. The development and impact of consumer word of mouth in new product diffusion [J]. Tuck school of business working paper, 2009 (2009 -65).

[300] Mahajan V, Peterson R A. Integrating time and space in technological substitution models [J]. Technological forecasting and social change, 1979, 14 (3): 231—241.

[301] Manchanda P, Packard G M, Pattabhiramaiah A. Social dollars: the economic impact of customer participation in a firm-sponsored online customer community [J]. Social science electronic publishing, 2015, 34 (3): 1425—1436.

[302] Manchanda P, Xie Y, Youn N. The role of targeted communication and contagion in product adoption [J]. Marketing science, 2008, 27 (6): 961—976.

[303] Mangleburg T F, Doney P M, Bristol T. Shopping with friends and teens' susceptibility to peer influence [J]. Journal of retailing, 2004, 80 (2): 101—116.

[304] Manshadi V, Misra S, Rodilitz S. Diffusion in random networks: Impact of degree distribution [C] //Proceedings of the 13th workshop on economics of networks, systems and computation. ACM, 2018: 7.

[305] Manski C F. Economic analysis of social interactions [J]. Journal of economic perspectives, 2000, 14 (3): 115—136.

[306] Manski C F. Identification of endogenous social effects: The reflection problem [J]. The review of economic studies, 1993, 60 (3): 531—542.

[307] Martinez E, Polo Y, Flavian C. The acceptance and diffusion of new consumer durables: Differences between first and last adopters [J]. Journal of consumer marketing, 1998, 15 (4): 323—342.

[308] Mas A, Moretti E. Peers at work [J]. American economic review, 2009, 99 (1): 112—145.

[309] Mayfield A. What is social media [EB/OL]. 2008, icrossing. co. uk/ebooks.

[310] Mayzlin D. Promotional chat on the Internet [J]. Marketing science, 2006, 25 (2): 155—163.

[311] McDougall W. The use and abuse of instinct in social psychology [J]. The journal of abnormal psychology and social psychology, 1921, 16 (5-6): 285.

[312] McMillan C, Felmlee D, Osgood D W. Peer influence, friend selection, and gender: How network processes shape adolescent smoking, drinking, and delinquency [J]. Social networks, 2018, 55: 86—96.

[313] Mcmillan C, Felmlee D, Osgood D W. Peer Influence, friend selection, and gender: How network processes shape adolescent smoking, drinking, and delinquency [J]. Social Networks, 2018, 55:

86—96.

[314] McPherson M, Smith-Lovin L, Cook J M. Birds of a feather: Homophily in social networks [J]. Annual review of sociology, 2001, 27 (1): 415—444.

[315] Mehmood Y, Barbieri N, Bonchi F. Modeling adoptions and the stages of the diffusion of innovations [J]. Knowledge and information systems, 2016, 48 (1): 1—27.

[316] Menzel H, Katz E. Social relations and innovation in the medical profession: The epidemiology of a new drug [J]. Public opinion quarterly, 1955, 19 (4): 337—352.

[317] Midgley C. Motivation and middle level schools [J]. Advances in motivation and achievement, 1993, 8: 217—274.

[318] Milgram S. The small world problem [J]. Psychology today, 1967, 2 (1): 60—67.

[319] Moore G A. Crossing the Chasm: Marketing and selling high-tech products to mainstream customers (collins business essentials) [M]. London: Harperbusiness, 1991.

[320] Moschis G P, Moore R L. Decision making among the young: a socialization perspective [J]. Journal of consumer research, 1979, 6 (2): 101—112.

[321] Moschis G P, Churchill G A. Consumer Socialization: A theoretical and empirical analysis [J]. Journal of marketing research, 1978, 15 (4): 599—609.

[322] Moscovici S. Social influence and social change [M]. Academic Press, 1976. Muralidharan S, Men L R. How peer communication and engagement motivations influence social media shopping behavior: evidence from china and the united states [J]. Cyberpsychology, behavior, and social networking, 2015, 18 (10): 595—601.

[323] Nejad M G, Sherrell D L, Babakus E. Influentials and influence mechanisms in new product diffusion: an integrative review [J]. Journal of marketing theory and practice, 2014, 22 (2): 185—208.

[324] Nelson E E, Leibenluft E, McClure E B, et al. The social re-orientation of adolescence: a neuroscience perspective on the process and its relation to psychopathology [J]. Psychological medicine, 2005, 35 (2): 163—174.

[325] Nelson P. Advertising as information [J]. Journal of political economy, 1974, 82 (4): 729—754.

[326] Nikou S, Bouwman H. Ubiquitous use of Mobile social network services [J]. Telematics&informatics, 2014, 31 (3): 422—433.

[327] Nitzan I, Libai B. Social effects on customer retention [J]. Journal of marketing, 2011, 75 (6): 24—38.

[328] Noar S M. The role of structural equation modeling in scale development [J]. Structural equation modeling, 2003, 10 (4): 622—647.

[329] None. Self-control for the righteous: Toward a theory of precommitment to indulgence [J]. Journal of consumer research, 2002b, 29 (2): 199—217.

[330] Norton J A, Bass F M. A diffusion theory model of adoption and substitution for successive generations of high-technology products [J]. Management science, 1987, 33 (9): 1069—1086.

[331] O'cass A, McEwen H. Exploring consumer status and conspicuous consumption [J]. Journal of consumer behaviour: An international research review, 2004, 4 (1): 25—39.

[332] Oestreicher-Singer G, Sundararajan A. The visible hand? Demand effects of recommendation networks in electronic markets [J]. Management science, 2012, 58 (11): 1963—1981.

[333] Oh J, Susarla A, Tan Y. Examining the diffusion of user-

generated content in online social networks [J]. Available at SSRN 1182631, 2008.

[334] Okada, Mina E. Justification effects on consumer choice of hedonic and utilitarian goods [J]. Journal of marketing research, 2005, 42 (1): 43—53.

[335] Okafor P N, Nnoli I M. Premarital sex and teenage pregnancy among adolescents and its counselling implications [J]. The Lagos Counsellor, 2010, 3 (1): 109—119.

[336] Olshavsky R W, Granbois D H. Consumer decision making—fact or fiction? [J]. Journal of consumer research, 1979, 6 (2): 93—100.

[337] Omdahl B L, O'Donnell C. Emotional contagion, empathic concern and communicative responsiveness as variables affecting nurses' stress and occupational commitment [J]. Journal of advanced nursing, 1999, 29 (6): 1351—1359.

[338] O'reilly T. What is web2.0: Design patterns and business models for the next generation of software [J]. MPRA Paper, 2007, 97 (7): 253—259.

[339] Page M L. The modification of ascendant behavior in preschool children [J]. University of Iowa studies: Child welfare, 1936.

[340] Park C W, Lessig V P. Students and housewives: Differences in susceptibility to reference group influence [J]. Journal of consumer research, 1977, 4 (2): 102—110.

[341] Park C, Lee T M. Information direction, website reputation and ewom effect: a moderating role of product type [J]. Journal of business research, 2009, 62 (1): 61—67.

[342] Park M. Selection bias in estimation of peer effects in product adoption [J]. Journal of choice modelling, 2019, 30: 17—27.

[343] Patnam M. Corporate networks and peer effects in firm policies: Evidence from India [J]. EEA working Paper, 2011: 1—53.

[344] Paus T, Toro R, Leonard G, et al. Morphological properties of the action-observation cortical network in adolescents with low and high resistance to peer influence [J]. Social Neuroscience, 2008, 3 (3-4): 303—316.

[345] Penrose L S. Data on the genetics of birth weight [J]. Annals of eugenics, 1951, 16 (1): 378—381.

[346] Peres R, Muller E, Mahajan V. Innovation diffusion and new product growth models: A critical review and research directions [J]. International journal of research in marketing, 2010, 27 (2): 91—106.

[347] Petty R E, Brinol P. Persuasion: From single to multiple to metacognitive processes [J]. Perspectives on psychological science, 2008, 3 (2): 137—147.

[348] Petty R E, Cacioppo J T. The elaboration likelihood model of persuasion [M] //Communication and persuasion. Springer, New York, NY, 1986: 1—24.

[349] Pugh S D. Service with a smile: Emotional contagion in the service encounter [J]. Academy of management journal, 2001, 44 (5): 1018—1027.

[350] Raghunathan R, Corfman K. Is happiness shared doubled and sadness shared halved? Social influence on enjoyment of hedonic experiences [J]. Journal of Marketing Research, 2006, 43 (3): 386—394.

[351] Ratner R K, Kahn B E. The impact of private versus public consumption on variety-seeking behavior [J]. Journal of consumer research, 2002, 29 (2): 246—257.

[352] Reinganum J F. On the diffusion of new technology: A game theoretic approach [J]. The review of economic studies, 1981, 48

(3): 395—405.

[353] Reingen P H, Kernan J B. Analysis of referral networks in marketing: Methods and illustration [J]. Journal of marketing research, 1986, 23 (4): 370—378.

[354] Risselada H, Verhoef P C, Bijmolt T H. Dynamic effects of social influence and direct marketing on the adoption of high-technology products [J]. Journal of marketing, 2014, 78 (2): 52—68.

[355] Rogers E M. Diffusion of Innovations: modifications of a model for telecommunications [M] //Die diffusion von innovationen in der telekommunikation. Springer, Berlin, Heidelberg, 1995: 25—38.

[356] Román S, Cuestas P J. The perceptions of consumers regarding online retailers' ethics and their relationship with consumers' general internet expertise and word of mouth: a preliminary analysis [J]. Journal of business ethics, 2008, 83 (4): 641—656.

[357] Ruekert R W, Churchill Jr G A. Reliability and validity of alternative measures of channel member satisfaction [J]. Journal of marketing research, 1984, 21 (2): 226—233.

[358] Russo A, Watkins J, Kelly L, et al. Participatory communication with social media [J]. Curator: The Museum Journal, 2008, 51 (1): 21—31.

[359] Ruths D, Pfeffer J. Social media for large studies of behavior [J]. Science, 2014, 346 (6213): 1063—1064.

[360] Rutter M, Silberg J. Gene-environment interplay in relation to emotional and behavioral disturbance [J]. Annual review of psychology, 2002, 53 (1): 463—490.

[361] Ryan B, Gross N C. The diffusion of hybrid seed corn in two Iowa communities [J]. Rural sociology, 1943, 8 (1): 15—24.

[362] Ryan R M, Deci E L. Self-determination theory and the facili-

tation of intrinsic motivation, social development, and well-being [J]. American psychologist, 2000, 55 (1): 68.

[363] Sacerdote B. Peer effects with random assignment: Results for dartmouth roommates [J]. The quarterly journal of economics, 2001, 116 (2): 681—704.

[364] Sageman S. Breaking through the despair: Spiritually oriented group therapy as a means of healing women with severe mental illness [J]. Journal of the American academy of psychoanalysis and dynamic psychiatry, 2004, 32 (1: Special issue): 125—141.

[365] Sasidharan S, Santhanam R, Brass D J, et al. The effects of social network structure on enterprise systems success: A longitudinal multilevel analysis [J]. Information systems research, 2012, 23 (3-part-1): 658—678.

[366] Scanfeld D, Scanfeld V, Larson E L. Dissemination of health information through social networks: Twitter and antibiotics [J]. American journal of infection control, 2010, 38 (3): 182—188.

[367] Schmidt W E, Tyler Jr V O. The "pinpointing effectivs" the "diffusion effect" of peer influence [J]. Psychology in the Schools, 1975, 12 (4): 484—494.

[368] Schneider F, Feldmann A, Krishnamurthy B, et al. Understanding online social network usage from a network perspective [C] //ACM SIGCOMM conference on internet measurement 200, 2009 - 11 - 04, 2009: 35—48.

[369] Schumpeter J, Backhaus U. The theory of economic development [J]. The social sciences, 2003, 1: 61—116.

[370] Schwartz S H. Normative influences on altruism [J]. Advances in experimental social psychology, 1977, 10: 221—279.

[371] Scott D. The new rules of marketing and PR: How to use news

releases, blogs, podcasting, viral marketing and online media to reach buyers directly [J]. Thoracic&cardiovascular surgeon, 2007, 59 (6): 335—341.

[372] Shen B, Jung J, Chow P S, et al. Co-branding in fast fashion: The impact of consumers' need for uniqueness on purchase perception [M] //Fashion branding and consumer behaviors. Springer, New York, NY, 2014: 101—112.

[373] Shen Y C, Huang C Y, Chu C H, et al. Virtual community loyalty: an interpersonal-interaction perspective [J]. International journal of electronic commerce, 2010, 15 (1): 49—74.

[374] Sheth J N, Stellner W H. Psychology of innovation resistance: The less developed concept (ldc) in diffusion research [M]. College of commerce and business administration, university of Illinois at Urbana-champaign, Il, 1979.

[375] Sheth S, Kim J. Social media marketing: The effect of information sharing, entertainment, emotional connection and peer pressure on the attitude and purchase intentions [J]. GSTF Journal on business review (GBR), 2017, 5 (1).

[376] Shi Z, Wen L, Zheng W. Can ecological product win consumers in China? A study on the effect of product attributes and consumers' face consciousness on ecological product preference [J]. Frontiers of business research in china, 2014, 8 (2): 182—205.

[377] Sijtsema J J, Lindenberg S M. Peer influence in the development of adolescent antisocial behavior: Advances from dynamic social network studies [J]. Developmental review, 2018, 50: 140—154.

[378] Simmel G. On individuality and social forms: Selected writings [M]. University of Chicago Press, 1971.

[379] Simon H, Sebastian K. Diffusion and advertising: The ger-

man telephone campaign [J]. Management science, 1987, 33 (4): 451—466.

[380] Slywotzky A J, Shapiro B P. Leveraging to beat the odds: the new marketing mindset [J]. Harvard business review, 1993, 71 (5): 97—107.

[381] Smith K P, Christakis N A. Social networks and health [J]. Annu. Rev. Sociol, 2008, 34: 405—429.

[382] "Smith R. H. Envy and Its Transmutations [M] //In L. Z. Tiedens & C. W. Leach (Eds.), The Social Life of Emotions, Cambridge, United Kingdom: Cambridge University Press, 2004".

[383] Song X, Chi Y, Hino K, et al. Information flow modeling based on diffusion rate for prediction and ranking [C] //Proceedings of the 16th international conference on World Wide Web. ACM, 2007: 191—200.

[384] Sorensen A T. Social learning and health plan choice [J]. The rand journal of economics, 2006, 37 (4): 929—945.

[385] Spears N, Singh S N. Measuring attitude toward the brand and purchase intentions [J]. Journal of current issues & research in advertising, 2004, 26 (2): 53—66.

[386] Sproull L, Kiesler S. Reducing social context cues: Electronic mail in organizational communication [J]. Management science, 1986, 32 (11): 1492—1512.

[387] Srivastava R K, Mahajan V, Ramaswami S N, et al. A multi-attribute diffusion model for forecasting the adoption of investment alternatives for consumers [J]. Technological forecasting&social change, 1985, 28 (4): 325—333.

[388] Stephan W C. School desegregation: An evaluation of predictions made in Brown v. Board of Education. [J]. Psychological Bulletin,

1978, 85 (2): 217.

[389] Strahilevitz M, Myers JG. Donations to charity as purchase incentives: How well they work may depend on what you are trying to sell [J]. Journal of consumer research, 1998, 24 (4): 434—446.

[390] Subramaniam N, Nandhakumar J, Baptista J. Exploring social network interactions in enterprise systems: the role of virtual co-presence [J]. Information systems journal, 2013, 23 (6): 475—499.

[391] Sykes T A, Venkatesh V, Johnson J L. Enterprise system implementation and employee job performance: Understanding the role of advice networks [J]. Mis Quarterly, 2014, 38 (1): 51—72.

[392] Tajfel H. Social Identity and Intergroup Behavior [J]. Information (International Social Science Council), 1974, 13 (2): 65—93.

[393] Taylor D G, Lewin J E, Strutton D. Friends, fans, and followers: do ads work on social networks? how gender and age shape receptivity [J]. Journal of advertising research, 2011, 51 (1): 258—275.

[394] Terry M. Twittering healthcare: social media and medicine [J]. Telemedicine journal and e-health: The official J, 2009, 15 (6): 507.

[395] Thomas R E, McLellan J, Perera R. School-based programmes for preventing smoking [J]. Evidence-based child health: A cochrane review journal, 2013, 8 (5): 1616—2040.

[396] Tokarčíkovú E, Kucharčíkovú A. Diffusion of innovation: The case of the Slovak mobile communication market [J]. International journal of innovation and learning, 2015, 17 (3): 359—370.

[397] Tootelian D H, Gaedeke R M. The team market: an exploratory analysis of income, spending and shopping patterns [J]. Journal of consumer marketing, 1992, 9 (4): 35—44.

[398] Totterdell P, Kellett S, Teuchmann K, et al. Evidence of mood linkage in work groups [J]. Journal of personality and social psy-

chology, 1998, 74 (6): 1504.

[399] Trusov M, Bucklin R E, Pauwels K. Effects of word-of-mouth versus traditional marketing: Findings from an internet social networking site [J]. Journal of marketing, 2009, 73 (5): 90—102.

[400] Tucker C. Identifying formal and informal influence in technology adoption with network externalities [J]. Management science, 2008, 54 (12): 2024—2038.

[401] Urberg K A, Luo Q, Pilgrim C, et al. A two-stage model of peer influence in adolescent substance use: Individual and relationship-specific differences in susceptibility to influence [J]. Addictive behaviors, 2003, 28 (7): 1243—1256.

[402] Uzzi B. Errata: Social structure and competition in in-terfirm networks: The paradox of embeddedness [J]. Administrative science quarterly, 1997, 42 (2): 35—67.

[403] Valente T W, Hoffman B R, Ritt-Olson A, et al. Effects of a social-network method for group assignment strategies on peer-led tobacco prevention programs in schools [J]. American journal of public health, 2003, 93 (11): 1837—1843.

[404] Valente T W, Pumpuang P. Identifying opinion leaders to promote behavior change [J]. Health education & behavior the official publication of the society for public health education, 2007, 34 (6): 881—896.

[405] Valente T W. Network models of the diffusion of innovations [J]. Computational&mathematical organization theory, 1996, 2 (2): 163—164.

[406] Van den Bulte C, Joshi Y V. New product diffusion with influentials and imitators [J]. Marketing science, 2007, 26 (3): 400—421.

[407] Van den Bulte C, Lilien G L. Medical innovation revisited: Social contagion versus marketing effort [J]. American Journal of Sociolo-

gy, 2001, 106 (5): 1409—1435.

[408] Van den Bulte C, Wuyts S. Social networks and marketing [M]. Cambridge, MA: Marketing Science Institute, 2007.

[409] Van der Lans R, Van Bruggen G, Eliashberg J, et al. A viral branching model for predicting the spread of electronic word of mouth [J]. Marketing science, 2010, 29 (2): 348—365.

[410] Van Hoorn J, Van Dijk E, Meuwese R, et al. Peer influence on prosocial behavior in adolescence [J]. Journal of Research on Adolescence, 2016, 26 (1): 90—100.

[411] Van Kleef G A, Homan A C, Beersma B, et al. Searing sentiment or cold calculation? The effects of leader emotional displays on team performance depend on follower epistemic motivation [J]. Academy of management journal, 2009, 52 (3): 562—580.

[412] Van Ryzin M J, Dishion T J. The impact of a family-centered intervention on the ecology of adolescent antisocial behavior: Modeling developmental sequelae and trajectories during adolescence [J]. Development and psychopathology, 2012, 24 (3): 1139—1155.

[413] Veblen T. The Theory of the Leisure Class [M]. Chicago: The University of Chicago Press, 1994.

[414] Verbeke W. Individual differences in emotional contagion of salespersons: Its effect on performance and burnout [J]. Psychology & marketing, 1997, 14 (6): 617—636.

[415] Voss K E, Grohmann S B. Measuring the Hedonic and Utilitarian Dimensions of Consumer Attitude [J]. Journal of marketing research, 2003, 40 (3): 310—320.

[416] Walther J B. Computer-mediated communication: Impersonal, interpersonal, and hyperpersonal interaction [J]. Communication re-

search, 1996, 23 (1): 3—43.

[417] Wang C, Hipp JR, Butts CT, et al. Peer Influence, Peer selection and adolescent alcohol use: A simulation study using a dynamic network model of friendship ties and alcohol use [J]. Prevention Science, 2017, 18 (4): 382—393.

[418] Wang M T, Holcombe R. Adolescents' perceptions of school environment, engagement, and academic achievement in middle school [J]. American educational research journal, 2010, 47 (3): 633—662.

[419] Wang M T, Kiuru N, Degol J L, et al. Friends, academic achievement, and school engagement during adolescence: A social network approach to peer influence and selection effects [J]. Learning and instruction, 2018, 58: 148—160.

[420] Watson J B. What the nursery has to say about instincts [J]. The pedagogical seminary and journal of genetic psychology, 1925, 32 (2): 293—326.

[421] Watts D J, Dodds P S. Influentials, networks, and public opinion formation [J]. Journal of consumer research, 2007, 34 (4): 441—458.

[422] Watts D J, Strogatz S H. Collective dynamics of "small-world" networks [J]. nature, 1998, 393 (6684): 440.

[423] Webb T L, Sheeran P. Does changing behavioral intentions engender behavior change? A meta-analysis of the experimental evidence [J]. Psychological bulletin, 2006, 132 (2): 249—269.

[424] Weimann G. The influentials: People who influence people [M]. New York: SUNY Press, 1994.

[425] Weinberg B D, Pehlivan E. Social spending: Managing the social media mix [J]. Business horizons, 2011, 54 (3): 275—282.

[426] Weiss H M, Cropanzano R. Affective events theory: A theo-

retical discussion of the structure, causes and consequences of affective experiences at work [J]. 1996.

[427] Wejnert B. Integrating models of diffusion of innovations: A conceptual framework [J]. Annual review of sociology. 2002, 28 (1): 297—326.

[428] Wertenbroch K. Consumption Self-control by rationing purchase quantities of virtue and vice [J]. Marketing Science, 1998, 17.

[429] Williams K D, Nida S A. Ostracism: Consequences and coping [J]. Current directions in psychological science, 2011, 20 (2): 71—75.

[430] Williams R A. Peer influence vs. peer selection: an attempted separation [J]. Unpublished master's thesis, University of Wisconsin, Madison, 1981.

[431] Winer R S. Technical note: A price vector model of demand for consumer durables: Preliminary developments [J]. Marketing science, 1985, 4 (1): 74—90.

[432] Wong, N. Y. , A. C. Ahuvia. Personal taste and family face: Luxury consumption in confucian and western societies [J]. Psychology & marketing, 1998, 15 (5): 25—34.

[433] Woodworth, R. S. Psychology [M]. New York: Holt, 1921.

[434] Wuyts, Stefan. Social networks and marketing [M]. Marketing science institute, 2007.

[435] Xi H, Hong Z, Sun J, et al. Impulsive purchase behaviour in social commerce: the Role of social influence [C] //PACIS. 2016: 364.

[436] Xiong H, Wang P, Bobashev G. Multiple peer effects in the diffusion of innovations on social networks: a simulation study [J]. Journal of innovation and entrepreneurship, 2018, 7 (1): 1—18.

[437] Xu J, Schwarz N. Do we really need a reason to indulge?

[J]. Journal of marketing research, 2009, 46 (1): 25—36.

[438] Xu K, Zhang X. Mining community in mobile social network [J]. Procedia engineering, 2012, 29 (4): 3080—3084.

[439] Yang Z, Wang J, Mourali M. Effect of peer influence on unauthorized music downloading and sharing: The moderating role of self-construal [J]. Journal of business research, 2015, 68 (3): 516—525.

[440] Yau O H M. Chinese cultural values: Their dimensions and marketing implications [J]. European Journal of marketing, 1988, 22 (5): 44—57.

[441] Young H P. Innovation diffusion in heterogeneous populations: Contagion, social influence, and social learning [J]. American economic review, 2009, 99 (5): 1899—1924.

[442] Zaichkowsky J L. Measuring the involvement construct [J]. Journal of consumer research, 1985, 12 (3): 341—352.

[443] Zhang H, Fam K S, Goh T T, et al. When are influentials equally influenceable? The strength of strong ties in new product adoption [J]. Journal of business research, 2018, 82: 160—170.

[444] Zhang K K, Benyoucef M. Consumer behavior in social commerce: A literature review [J]. Decision support systems, 2016, 86 (C): 95—108.

[445] Zhang X, Venkatesh V. Explaining employee job performance: The role of online and offline workplace communication networks [J]. Mis Quarterly, 2013: 695—722.

[446] Zhou, Z. K, Nakamoto, K. Price perceptions: A cross-national study between American and Chinese young consumers [J]. Advances in consumer research, 2000, (28): 161—168.

[447] Zhu F, Zhang X. Impact of online consumer reviews on sales: The moderating role of product and consumer characteristics [J]. Journal

of marketing, 2010, 74 (2): 133—148.

[448] Zhu Z, Wang J, Wang X, et al. Exploring factors of user's peer-influence behavior in social media on purchase intention: Evidence from QQ [J]. Computers in human behavior, 2016, 63: 980—987.